国家级精品课程 / 教育部经济管理类课程教材

财务分析：基础与提升
——新环境下的新视角

CAIWUFENXI：JICHUYUTISHENG

李志坚 著

经济管理出版社
ECONOMY & MANAGEMENT PUBLISHING HOUSE

图书在版编目（CIP）数据

财务分析：基础与提升——新环境下的新视角/李志坚著 . —北京：经济管理出版社，2020.6

ISBN 978 - 7 - 5096 - 7192 - 4

Ⅰ. ①财… Ⅱ. ①李… Ⅲ. ①会计报表—编制 ②会计报表—会计分析 Ⅳ. ①F231.5

中国版本图书馆 CIP 数据核字（2020）第 098886 号

组稿编辑：杨国强
责任编辑：赵天宇
责任印制：黄章平
责任校对：陈晓霞

出版发行：经济管理出版社
　　　　　（北京市海淀区北蜂窝 8 号中雅大厦 A 座 11 层　100038）
网　　址：www. E - mp. com. cn
电　　话：（010）51915602
印　　刷：唐山昊达印刷有限公司
经　　销：新华书店
开　　本：720mm×1000mm/16
印　　张：13.5
字　　数：202 千字
版　　次：2020 年 11 月第 1 版　　2020 年 11 月第 1 次印刷
书　　号：ISBN 978 - 7 - 5096 - 7192 - 4
定　　价：49.00 元

前　言

笔者从事财务分析教学多年，一直都想写一本自己心目中的书。那是因为，教材中除了所谓"正确的"知识和公式堆砌之外，还应该有说理和逻辑推演。在这个"大智移云"（大数据、智能化、移动互联和云计算）的移动互联时代，在这个"百年未有之大变局"的战略机遇期，财务分析实践面临着前所未有的挑战——财务分析如何发挥更大作用？这也对财务分析教材提出了更高的要求——财务分析教材如何与时俱进，体现新时代特色？我们面临的信息环境发生了巨大变化，除了分析对象的财务年报之外，还有来自互联网、媒体（尤其是自媒体）等方方面面的海量信息，使得有效信息获取与"聚焦"分析能力成为一种新的需要培养的能力。分析者除了要面对浩瀚无际的信息广度挑战之外，还需要面对分析深度的挑战，这就是本教材在编写过程中所努力的两大方向。

本教材具有如下特点：

第一，在编写理念上更偏重于理论、法规和实践的溯源分析与说理。我们不认为教材只能说一些所谓"绝对正确"的事情。教材的"绝对正确"定位，只能使教材陷入不思进取的平庸与固化状态。我们更应坚信辩证唯物主义的发展观，从这个角度上来看即"凡所有相，皆为虚妄"，"君子不器"，我们会提出很多值得探讨的话题和问题，更乐于列举出有助于思考的事实。我们相信，对这些话题的深入思考、追踪和探讨，以及对学习者学习和探究兴趣的引导和培养，才是教材最需要考虑的事情。

第二，在内容的编排上更偏重于对财务报告基本理论的深入分析与拓展。财务分析是一门综合性极强的课程，但也并不该淡化该课程对相关先修课程（会计原理、中级财务会计、高级财务会计、审计学、财务管理等）的倚重。实践中夸夸而谈的许多分析师可能并不懂报表项目或指标数字的来龙去脉，"基础不牢，地动山摇"，财务分析实践中的"理论饥渴"使得本教材对理论的溯源变得极为必要。

第三，在财务分析课堂教学重点上，本教材在由大多数教材以"指标"分析为重点转向以信息整合为重点方面做出了尝试与探索。互联网技术的发展使得信息获取成本大大降低，但又使得信息分析与整合能力成为一种稀缺。借鉴审计学中的审计底稿工具，我们尝试通过 Excel 自动分析模板以及由此形成的分析底稿对财务分析中的"问题—目标"主线进行"勾勒"，力图将一副小比例尺地图转变为反映"主要矛盾"的大比例尺地图。大量教学实践也证明了我们的这种尝试行之有效且富有意义。

第四，在分析方法上，本教材强调战略视角下的"问题—目标"导向的体系分析方法。我们有感于太多的财务分析报告为分析而分析，没有问题导向，使得分析结论表现得"不咸不淡"；我们更是深受那些做空机构分析报告中强烈的"问题导向"的震撼和启发。尝试改变的努力虽有点晚，但毕竟已经开始，绝不可躺在前人的既有成就上"睡大觉"，丧失对先进分析理念与成功实践的借鉴能力。

第五，在财务分析的发展方向上，我们认为，财务分析应主动跨界，积极吸收审计学、战略管理学、营销学、管理学、统计学等相关学科的养分，从更广泛的利益相关方视角对利益诉求与具体需求进行"细分"。当然，学科广度需要以理论深度为基础，两者相辅相成。

第六，在财务分析中对会计知识体系的强化方面，我们坚信"知其然，知其所以然"这种理论溯源的重要性。因此我们在教材中设计了财务报表编制一章，以 Excel 环境中"后台显化"新视角下的自动记账系统来"显化"报表项目间的逻辑关系，这对加深报表及报表项目内涵理解，有效展示电算化记账系统后台程序运行的基本原理，意义重大，且实践效果显著。

本书共有六章内容，第1章"绪论"、第2章"财务分析基础：财务报告"是财务分析的专业基础部分；第3章"财务报表编制——一个新的视角"，是以会计分录为起点的自动过账、自动结账、自动生成报表和自动计算财务指标的"后台显化"Excel报表模板，这对于从全局角度理解报表的数据汇总机制非常有益；第4章"财务分析的基本方法"是对财务分析方法的展开，但尤其注重对指标内涵、指标间关系的"挖掘"，这对于"看穿"指标意义重大；第5章"报表项目附注分析"是以报表附注为对象的进一步展开，目的在于让学习者充分理解附注与报表的同等重要地位；第6章"战略视角下的'问题—导向'财务分析模板设计"，是在第1章"绪论"所建立的分析框架下，建立了Excel报表分析模板（从链接中下载并使用），相信大家能体会并享受到分析模板带来的诸多好处。

在书稿付梓之际，心中不禁泛起阵阵波澜和激动。这本书是对我多年教授财务分析课程的一个总结，也是对我要写一本自己心目中的书这个心愿的一次满足。写作过程中，多次修稿，字斟句酌，甚为辛苦。在这里，要衷心感谢我的恩师——中国人民大学商学院耿建新教授！在我忐忑地提出我的想法后，他给了我珍贵的鼓励和支持，毫无保留地分享了他的建议、看法和讲课心得，并对初稿提出了宝贵的修改意见。如果本书能够得到好评，更愿将好评变成一束束鲜花，献给我尊敬的老师，感谢恩师对我的提携与帮助！另外，还要感谢在本书撰写过程中为我提供各种支持的各位领导、同事和朋友。

本书既可作为高等院校会计学、财务管理、工商管理等管理类、经济类学科对财务分析课程的教材与参考书，也可供财经领域从业者和自学者自学用。

由于笔者水平有限，书中难免存在不足之处，恳请广大读者批评指正。

著者

目　录

第1章 绪 论

【学习目标】

熟悉财务报表分析视角下的利益相关方及其利益关切；

了解财务报表分析的概念、功能和内容；

熟悉财务报表分析的基本方法；

了解财务报表分析的基本框架。

【重点与难点】

财务分析各流派及其逻辑支撑。

1.1 既有财务报表分析框架的发展与演变

现阶段高校财务分析课程的内容体系存在着较大差异，各有千秋。具有代表性的内容体系有三大类：一是以张先治和陈友邦教授为代表的财务分析内容体系，如图 1-1 所示。该体系主要由概论、财务报告分析、财务效率分析和财务综合分析四大板块构成。其中，概论主要讲了财务分析是什么、分析对象是什么和怎么进行财务分析三大问题；财务报告分析主要围绕着资产负债表、利润表、现金流量表和所有者权益变动表所进行的单一报表分析；财务效率分析主要是对分析对象的盈利能力、偿债能力、营运能力和增长能力进行分析；财务综合分析主要由杜邦分析和趋势及预测分析构成。

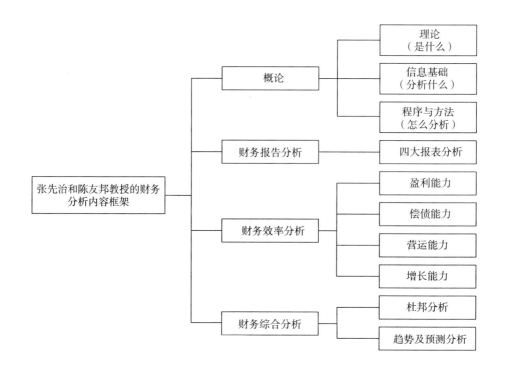

图 1-1　张先治和陈友邦教授的财务分析内容框架

　　二是以张新民和钱爱民教授为代表的财务分析内容体系，如图 1-2 所示。该体系主要由财务报表分析概论、分析基础、质量分析、合并报表分析和综合分析所组成。

　　三是黄世忠教授的财务分析逻辑框架，如图 1-3 所示。该框架以盈利质量、资产质量和现金流量作为财务报表分析的逻辑切入点。我们看到，盈利质量、资产质量和现金流量是相互关联的。盈利质量的高低受资产质量和现金流量的直接影响。如果资产质量低下，再多的利润也会意义不大。如果每年都有利润，但经营性现金流量却为负数，则这样的利润没有现金流做"支撑"，是一种"纸面财富"。这种性质的利润，要么质量低下，要么可能含有虚假成分。同样，资产质

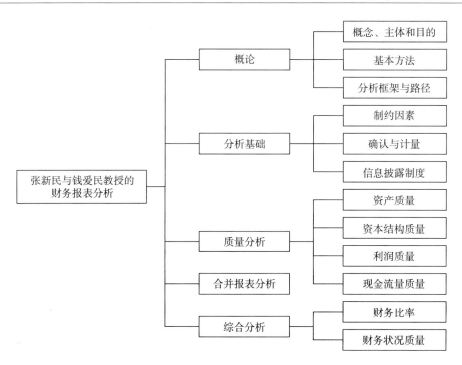

图 1-2 张新民和钱爱民教授的财务分析内容框架

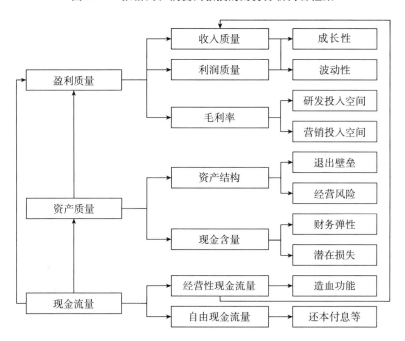

图 1-3 黄世忠教授的财务报表分析逻辑框架

量也受到现金流量的影响。不能带来现金流量的资产，可以看成"虚资产"，是一种比较"水"的资产，严格来说，这样的资产需要通过减值的方式从资产负债表中把"水分"挤掉才好。

可以看出，前两类分析框架有很多共同之处，如有着共同的分析对象——四大财务报表，都借助了财务比率分析方法等。综合起来，这两类方法都依赖于财务信息来达到分析的目的。

当然，相比较张先治和陈友邦教授的分析框架，张新民和钱爱民教授的分析框架主要有以下几点变化：一是增加了对财务报表分析基础和合并报表分析两个部分的关注；二是将构成财务报告的四大报表分析重点转向围绕四大报表项目的质量分析。

【思考】

＊附注在财务报告体系中的地位以及附注内容在财务分析中的作用是什么？

＊除了对财务信息的分析外，还有哪些非财务信息需要在财务分析中加以关注？

1.2　财务分析的目的、内容——利益相关方视角

财务分析的目的决定了分析内容和分析方法，而财务分析内容和分析方法服务于分析目的。对一个公司来说，不同的利益相关方有着不同的利益倾向或诉求，在进行财务报表分析时会有不同的分析目的和侧重。

财务报告是财务分析工作的主要对象和基础，也是对各利益相关方利益诉求的集中反映。

从利益诉求角度来看，财务报告的利益相关方有股东、管理层、员工、债权人、政府机构、供应商、客户、媒体、社会中介、研究机构、竞争者、投机者和

社会公众，如图 1-4 所示。

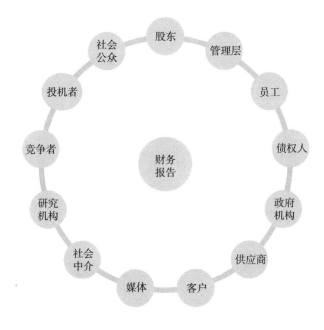

图 1-4　财务分析的利益相关方视角

按照与公司的关系，利益相关方可以分为内部利益相关方和外部利益相关方。内部利益相关方有管理层、员工；外部利益相关方有股东、债权人、供应商、客户、政府机构、媒体、社会中介、研究机构、竞争者、投机者和社会公众。

要理解各利益相关方的地位和利益关切，就需要掌握其法律地位、职责权限、权利和义务等。具体来说：

（1）股东。

要理解股东的地位，就需要熟悉《公司法》中所规定的股东的权利与义务。股东作为公司的出资人，会高度关注公司的盈利能力，并对管理层的受托责任进行评价，这些都是通过财务报表分析工作来完成的。

要了解股东作为利益相关方的利益关切，就需要熟悉实际控制人、控股股东和少数股东的含义。

实际控制人与控股股东是两个联系非常紧密的概念。控股股东与实际控制人可以重合，可以被认定为同一主体。

对实际控制人的规定散见于《上市公司收购管理办法》、两个交易所的《股票上市规则》《中小企业板上市公司控股股东、实际控制人行为指引》等文件。

《公司法》第二百一十六条对控股股东和实际控制人有如下规定：

控股股东，是指其出资额占有限责任公司资本总额百分之五十以上或者其持有的股份占股份有限公司股本总额百分之五十以上的股东；出资额或者持有股份的比例虽然不足百分之五十，但依其出资额或者持有的股份所享有的表决权已足以对股东会、股东大会的决议产生重大影响的股东。

持股份额在百分之五十以上的股东，处于绝对控股地位；不足百分之五十但具有重大影响的股东，处于相对控股地位。

实际控制人，是指虽不是公司的股东，但通过投资关系、协议或者其他安排，能够实际支配公司行为的人。公司的实际控制人可以为自然人、法人或者各级政府、国资委，可以为多人控制，也可以认定没有实际控制人。

《上市公司收购管理办法》第八十四条规定，有下列情形之一的，为拥有上市公司控制权：

（一）投资者为上市公司持股50%以上的控股股东；

（二）投资者可以实际支配上市公司股份表决权超过30%；

（三）投资者通过实际支配上市公司股份表决权能够决定公司董事会半数以上成员选任；

（四）投资者依其可实际支配的上市公司股份表决权足以对公司股东大会的决议产生重大影响；

（五）中国证监会认定的其他情形。

在实践中，社会公众投资者往往很容易从上市公司的年报中获知某一上市公司的控股股东是谁。但是，上市公司的实际控制人在某些情况下则很难辨别。根据证券交易所的要求，在信息披露时，上市公司的实际控制人最终要追溯到自然人、国有资产管理部门或其他最终控制人。

实际控制人对于公司决策有决定作用，同时其行为规范、资信对于判断公司资信也是非常重要的参考标准。在认定实际控制人时，通过对公司章程、协议或其他安排以及股东大会（股东出席会议情况、表决过程、审议结果、董事提名和任命等）、董事会（重大决策的提议和表决过程等）、监事会及经营管理的实际运作情况的核查去谨慎认定，不能忽略实质而随意认定，也不能为了规避证券法规对实际控制人的硬性要求而模糊逃避认定。

不清楚上市公司的实际控制人是谁，就难以辨别由实际控制人操纵的关联交易，也无法对其关联交易是否公允及是否会对公司和其他股东利益造成影响做出正确的判断，从而可能使投资人蒙受不必要的损失。

在上市公司股东构成中，除了控股股东之外，其余的股东被称为少数股东（Minority Shareholder）。

（2）企业债权人。

债是按照合同约定或法律规定，在特定当事人之间产生的权利义务关系。债由债的主体、债的内容和债的客体所构成。债具有如下特征：

第一，债是特定当事人之间的民事法律关系；

第二，债是以债权和债务为内容的财产法律关系；

第三，债是以给付为标的的动态财产法律关系。

从企业角度来说，按期收回本金和利息是公司债权人最大的利益关切，因此，债权人会非常关注债务人公司的偿债能力、资本结构和可持续发展能力等方面的信息，而债务人公司偿债能力信息又受到资产流动性、盈利能力、营运能力等的影响。

另外，短期债权人和长期债权人有着不同的利益关注。短期债权人更关注债务人公司的资产流动性和现金流信息，更强调公司的短期偿债能力；长期债权人则更关注公司的资产质量、盈利质量和资本结构等信息，更强调公司的长期偿债能力。

（3）管理层。

公司管理层接受公司股东大会委托来管理公司日常运营，对公司股东承担受托管理责任。由于是内部信息使用者，管理层相比较其他利益相关方，拥有更多了解公司运营方面信息的各种渠道和监控手段，财务报表作为信息系统的主要构成部分，仍然是非常重要的信息来源。当然，除了财务报表之外，管理层还会借助于管理会计手段得到更多相关信息，这也导致了信息不对称问题。

第一，关于公司治理结构。

要清楚管理层作为利益相关方的利益关切，就很有必要知晓公司治理结构。公司治理（Corporate Governance）是现代企业制度中最重要的组织架构。狭义的公司治理主要是指公司内部股东、董事、监事及经理层之间的关系，广义的公司治理还包括与利益相关者（如员工、客户、媒体和社会公众等）之间的关系。公司治理结构是指为实现资源配置的有效性，股东对公司进行监督、激励、控制和协调的一整套制度安排。规模较大的公司，其内部治理结构通常由股东会、董事会、经理层和监事会组成，它们依据法律赋予的权力、责任、利益相互分工，并相互制衡。

第二，关于高级管理人员。

高级管理人员是管理层的核心。高级管理人员（简称"高管"）是指公司的经理、副经理、财务负责人，上市公司董事会秘书和公司章程规定的其他人员。①

当然，除了高管的范围之外，还应该知道关联方和关联方关系的含义。在财务报表分析中尤其应关注可能的关联方关系及其交易事项。

---

① 《公司法》第二百一十六条第（一）项的规定。

第三，关于关联方与关联方关系。

一方控制、共同控制另一方或对另一方施加重大影响，以及两方或两方以上同受一方控制、共同控制或重大影响的，构成关联方。①

关联关系，是指公司控股股东、实际控制人、董事、监事、高级管理人员与其直接或者间接控制的企业之间的关系，以及可能导致公司利益转移的其他关系。但是，国家控股的企业之间不仅因为同受国家控股而具有关联关系。②

我们知道，一个企业的母公司、子公司，与该企业受同一母公司控制的其他企业，对该企业实施共同控制或施加重大影响的投资方，合营企业，联营企业，企业的主要投资者个人及与其关系密切的家庭成员，企业或其母公司的关键管理人员及与其关系密切的家庭成员，企业主要投资者个人、关键管理人员或与其关系密切的家庭成员控制、共同控制或施加重大影响的其他企业，都是该企业的关联方。

【问题】

根据《公司法》规定，不得担任公司"董监高"（指公司的董事、监事和高级管理人员）的五种情形是哪些？

（4）政府机构。

党的十八届三中全会通过的《中共中央关于全面深化改革若干重大问题的决定》（以下简称《决定》）指出，"经济体制改革的核心问题是处理好政府和市场的关系，使市场在资源配置中起决定性作用和更好发挥政府作用。市场决定资源配置是市场经济的一般规律，健全社会主义市场经济体制必须遵循这条规律，着力解决市场体系不完善、政府干预过多和监管不到位问题"。另外还指出"必须积极稳妥从广度和深度上推进市场化改革，大幅度减少政府对资源的直接配置，推动资源配置依据市场规则、市场价格、市场竞争实现效益最大化和效率最优

---

① 《CAS36——关联方披露》。
② 《公司法》第二百一十六条。

化。政府的职责和作用主要是保持宏观经济稳定，加强和优化公共服务，保障公平竞争，加强市场监管，维护市场秩序，推动可持续发展，促进共同富裕，弥补市场失灵"。

市场监管，具体体现在产品市场、金融市场、要素市场、技术市场和劳动力市场等。我们也注意到，在《决定》全文中出现了 25 次"监管"，这也是加强监管职责的具体体现。

【任务】

2018 年 3 月，中共中央印发了《深化党和国家机构改革方案》，请根据方案的内容，总结市场监督管理局、银保监会、证监会、国资委等机构的职责。

（5）供应商。

供应商作为波特五力模型中的一个重要力量，是财务分析中需要关注的一个重要的利益相关方。供应商与公司的关系对公司的运营起到重要的作用。

【材料】

特斯拉与宁德时代商讨使用无钴电池，多股有望爆发

据路透社报道，新能源车龙头特斯拉（TSLA）正在与 A 股上市公司宁德时代（300750）商讨在中国工厂使用无钴电池的事宜。如果最终落地，这也意味着 LFP（磷酸铁锂）电池首度进入特斯拉生产线，有望进一步拉低生产成本，提高相关车型在中国的销量。磷酸铁锂是目前价格最具优势的动力电池，相比于传统的 NCA/NVM 三元锂电池，LFP 电池的生产成本有望"下浮超过两位数百分比"。德方纳米（300769）专注于磷酸铁锂正极材料业务，国内首家纳米化技术应用于制备锂电材料。公司深度合作宁德时代，销售占比约 2/3。据招股说明书，佛山磷酸铁锂材料产能 2.3 万吨，云南新建基地投产后 2020 年进入产能扩张周期达到近 4 万吨。天赐材料（002709）是宁德时代的主力供应商，拥有磷酸铁锂正极材料项目。国轩高科（002074）在磷酸铁锂领域具备较强的竞争优势。格林美

（002340）为宁德时代供应正极材料前驱体。中信建投认为，建议重点关注碳酸锂相关生产企业。——证券时报，2020 - 02 - 19

需要强调的是，财务分析绝不应该仅仅关注财务数据，还应该关注产品、渠道、价格和促销等"4P"或者"6P"因素，尤其是产品因素。以上述材料为例，应当关注与新能源汽车相关的行业寿命周期、产品寿命周期、电池的能量密度和正负极材料的构成及其成本、价格等因素，以及整个供应链体系。这样，财务分析才会更加扎实，所做出的预测与决策才会更加准确。

（6）客户。

与供应商一样，客户是波特五力模型中的一个重要力量，也是财务分析中需要关注的一个重要的利益相关方。当然，对客户的分类，会更有助于我们全面客观地认识客户这个利益相关方。

在财务审计中，审计师会关注大客户所带来的大客户风险，当然，对企业来说，大客户可能会带来较低的客户维护成本；同时，也需要关注小散客户风险，因为企业需要比较稳定的收入来源。

在企业管理中，常常需要对客户进行分类管理。比如按照忠诚度和地域进行分类，按照时间对新老客户进行划分，按照信用水平对客户进行划分以利于赊销决策，甚至于对客户进行价值观方面的区别，等等。

（7）现有及潜在竞争者。

在市场经济条件下，企业会面对一系列的竞争者。在同行业竞争中，卖方密度①、产品差异、进入难度是三个需要着重研究的问题，也应该是财务报表分析者应该关注的非财务方面的指标。

除了从时间维度上把竞争者分为现有和潜在竞争者之外，还可以从空间上对竞争者进行地域划分。当然，从目标市场进行划分，是一种常用的评价竞争者的标

---

① 卖方密度，指同一行业或同一类商品经营中卖方的数目。

准。从营销学来讲，是否具有相同的目标市场，是企业确定竞争者的一个重要因素。正如刘强东的京东和马云的阿里巴巴均称对方不是自己的竞争者便是此理。

（8）媒体与社会中介。

第一，媒体。

媒体是传播信息的媒介，是指人借助用来传递信息与获取信息的工具、渠道、载体、中介物或技术手段。按照传播媒介和发展阶段，媒体可以划分为传统媒体和新媒体两大类。传统媒体主要有电视、广播、报纸、杂志和户外媒体等。新媒体是指利用数字技术，通过计算机网络、无线通信网等渠道，通过电脑、手机、数字电视等终端，向受众提供信息和服务的传播形态。从空间上来看，"新媒体"特指当下与"传统媒体"相对应的，以数字压缩和无线网络技术为支撑，利用其大容量、实时性和交互性，可以跨越地理界线最终得以实现全球化的媒体。

近几年来，"自媒体"（We Media）① 这种新的媒体形式爆发出强大的信息传播力度，受到了人们的喜爱和关注。如微博、BBS、博客、公众号、论坛、短视频（如抖音、快手等）等。自媒体就是普通大众通过网络向不特定的大多数或者特定的单个人传递规范性及非规范性信息的媒体总称。

不可否认的是，媒体报道对资本市场的影响越来越大。在正式的法律制度之外，媒体报道已成为公司治理、社会监督及宏观治理环境不可或缺的组成部分。

当然，除了上述分类，我们还可以将其按照主流媒体与非主流媒体进行划分。

第二，社会中介。

社会中介机构通常有会计师事务所、律师事务所、资产评估师事务所、评级

---

① 2003 年 7 月，谢因波曼与克里斯·威理斯两位美国人明确提出了"We Media"这一概念，中文翻译过来就是"自媒体"。

公司等。社会中介机构的特点就是以独立的第三方身份为企业提供相关专业服务，对相关事项按照相关法律法规等作出客观公正的评价。

通常来说，对上市公司而言，会计师事务所因为需要就被审计单位的财务报表以审计报告的形式发表审计意见，而使得会计师事务所成为非常重要的利益相关方。

【材料】

*ST 山西三维的"4·17 环保事件"

中新网太原 2017 年 1 月 17 日电（任丽娜）：《山西治污千企停产　两上市公司上环保"黑榜"》："中国国家环保部 16 日对外通报重污染天气应对情况称，2017 年元旦至今，山西焦化股份有限公司焦化厂、山西三维瑞德焦化有限公司均存在大气污染物排放数据日均值超标的情况。据记者了解，山西上述 2 家上市公司，山西省环保厅将对其违法超标排放污染物行为实施高限处罚。"

2017 年 1 月 20 日，山西三维集团股份有限公司发布澄清公告，澄清说明表示："为避免更多投资者对以上媒体报道的相关内容形成误读，本公司特作出如下说明：山西三维瑞德焦化有限公司原属于本公司的控股子公司，但本公司于 2013 年 12 月 13 日、2014 年 1 月 3 日分别召开了第五届董事会第二十五次会议及 2014 年第一次临时股东大会，审议通过了关于将所持有山西三维瑞德焦化有限公司 51% 股权进行转让的相关议案；2014 年 1 月 15 日，山西三维瑞德焦化有限公司 51% 股权转让事宜所涉及的工商变更登记手续已办理完毕，股权转让款收讫，该股权转让事项完成，本公司随即发布了相关进展公告，至此山西三维瑞德焦化有限公司已不属于本公司的控股子公司。"

中国青年网北京 2018 年 4 月 18 日电（记者王子瑞）：2018 年 4 月 17 日，央视财经频道《经济半小时》栏目以《污染大户身边的"黑保护"》为题，对山西省洪洞县赵城镇三维集团工业废料倾倒、污水直排的情况进行报道。报道称，村干部收钱帮企业违法排污，记者调查遭受人身威胁，洪洞县环保局副局长竟声称"活该"。新闻一经播出立即引发热议。17日当晚，山西省环保厅回应称"一查到底，绝不手软"。18日，临汾市政府网站对此回应"要求依法从严从快查处违法企业，并对2名村干部依法行政拘留"。

生态环境部18日晚间向媒体通报：2018年4月17日，央视二套财经频道《经济半小时》栏目以《污染大户身边的"黑保护"》为题，报道山西省洪洞县三维集团违法倾倒工业废渣污染农田，生产废水直排汾河，央视记者暗访遭扣押事件。对此，生态环境部及山西省高度重视，第一时间做出反应。

2018年4月18日，搜狐财经以"遭央视曝光的*ST三维曾频踩环保红线计划剥离化工业务"为题披露：早在2017年1月、2月，*ST三维就已因违规倾倒废渣收到环保局下发的《行政处罚决定书》，并被处以罚款和要求整改。作为上市公司"壳资源"，*ST三维2016年收到临汾市财政局下发的各项政府补助资金共计4.66亿元，使其成功扭亏。在2017半年报中，加强环保措施被列为*ST三维的重要工作目标。不过，被化工业务亏损逼到退市边缘的*ST三维似乎更重视"甩包袱"，2017年底，*ST三维公布了其保壳计划——剥离化工业务资产转型高速路业务。

2018年4月26日，临汾检察机关介入山西三维集团非法排污事件调查。

2018年4月27日，控股股东全部承担"环保事件"支出：*ST三维（000755）4月27日晚间公告，公司控股股东华邦集团就"4·17环保事件"所涉处理环保问题作出承诺，此次环保问题产生的全部相关支出由华邦集团承担。华邦集团表示，2017年度*ST三维实施重大资产重组，截至2016年底已将大部分的化工资产剥离至华邦集团，4月17日央视财经频道报道了山西三维的环保问题，目前华邦集团及*ST三维正在进行固体废弃物处置及清运工作。

2018年5月14日，《中国青年报》刊登文章：山西三维集团非法倾倒　50人被问责　环保案触目惊心。

表 1 - 1　2012～2018 年 *ST 三维审计意见类型

年份	意见类型	事务所
2012	带强调事项段的无保留意见	致同会计师事务所
2013	标准无保留意见	致同会计师事务所
2014	标准无保留意见	致同会计师事务所
2015	标准无保留意见	致同会计师事务所
2016	标准无保留意见	致同会计师事务所
2017	标准无保留意见	中天运会计师事务所
2018	标准无保留意见	中天运会计师事务所

【问题】

媒体聚焦了 *ST 三维的环境污染事件，而 CPA 的审计意见为什么却是标准无保留意见？

（9）社会公众。

《刑法》列明了"提供虚假财务报告罪"，并在第一百六十一条规定，"依法负有信息披露义务的公司、企业向股东和社会公众提供虚假的或者隐瞒重要事实的财务会计报告，或者对依法应当披露的其他重要信息不按照规定披露。严重损害股东或者其他人利益，或者有其他严重情节的，对其直接负责的主管人员和其他直接责任人员，处三年以下有期徒刑或者拘役，并处或者单处二万元以上二十万元以下罚金。"

"社会公众"，是指除股东以外的社会上其他普通公民。因为除股东对本公司的经营状况比较关心了解外，其他有一定投资实力的普通公民在选择投资对象时，对于自己尚未投资的公司也希望有所了解，以便决定是否对其投资。因此，向社会公众提供的财务会计报告，同样必须真实可靠。

当然，除了因投资可能而存在利益关切的社会公众之外，还因为企业社会责任的履行会影响到广大社会公众的利益关切与价值取向。企业对社会公众的社会责任如图 1 - 5 所示。

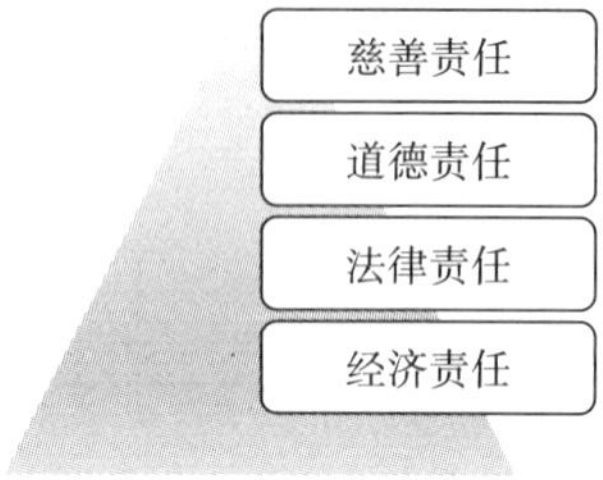

慈善责任

道德责任

法律责任

经济责任

图1-5 企业社会责任内容的金字塔结构

资料来源：A. B. Carroll and A. K. Bocholt（2000），Business and Society.

1.3 财务分析的基本方法

在财务分析实践中，作为各利益相关方的分析个体逐渐形成了多种分析方法，并通过对这些方法的应用以"真实"和"完整"地对分析对象进行描述。

（1）结构分析法。

结构是指事物的各个组成部分之间的有序搭配和排列。结是结合之义，构是构造之义，合起来理解就是主观世界与物质世界的结合构造之意思，这是人们用来表达世界存在状态和运动状态的专业术语。

财务分析中的结构分析法，是以财务报表中的某个总体项目作为100%，来计算各个组成部分占该总体的比例，从而揭示或反映各个组成项目的地位和其结构关系，有利于分析者分清主次，抓住主要矛盾；如果将多期的项目结构进行比较，也可以获得结构变化方面的有用信息。

结构分析法通常应用于资产负债表和利润表。在对资产负债表进行结构分析时，通常以总资产为100%，在资产结构分析中就可以得到各项资产在总资产中的比重；在负债和股东权益的结构分析中，可以得到各负债项目和股东权益占总资产的比重，以评价资本结构的合理性。在对利润表进行结构分析时，实践中通常以营业收入为基准，将营业收入设定为 100%，分别计算各项收入、营业成本、期间费用、利得（损失）和利润项目占营业收入的比例，以反映各项收入和利得项目的贡献以及成本、费用和损失项目的价值损耗程度。

当然，根据不同的目的，也可以进行小类结构比较。如为了分析流动资产的结构而将流动资产设为 100%，分别计算各个流动资产项目的比例；为了分析负债的结构而将负债总额设为 100%，分别计算流动负债和非流动负债的占比。当然，"法无常法，势无定势，兵无常形"，分析方法总是要服务于分析的目的。

（2）变动趋势分析法。

对一个项目在不同时间（一般为两期或连续多期）进行对比，就可以确定其增减变动方向、数额和幅度，以揭示该项目的发展变动趋势。在具体的变动趋势分析中，有绝对数的比较变动趋势分析法、环比分析法和定基分析法等。

计算增长率是变动趋势分析最常用的方法。年增长率是一个短期的概念，从一个产品或产业的发展来看，可能处在成长期或爆发期而年度结果变化很大。复合增长率（Compound Annual Growth Rate，CAGR）是一种更为科学可靠的计算方法，因为这是在长期时间基础上的核算，所以更能够说明产业或产品增长或变迁的潜力和预期。

在进行年度增长率比较时，一定要清楚这种指标内在的不足有什么。如当分母接近于零，会放大比值，以至于扭曲结果。另外，如果是由负数到正数的一种变化，这种变化的增长率又该如何计算呢？

在涉及较长时期多年度的平均增长率计算时，工作中一般会有如下几种算法：对各年度增长率的简单算术平均法、增量平均法和上述的复合增长率法。

【讨论】

您认可哪一种方法呢？请大家讨论各类方法的优缺点。

2015 年 1 月 1 日，公司资产总额为 10，000 元，2016 年 1 月 1 日资产增长到了 13，000 元，2017 年 1 月 1 日增长到了 14，000 元，2018 年 1 月 1 日变为 19，500 元。

年度增长率分别为：2015 年为30%；2016 年为7.69%；2017 年为39.29%。

简单算术平均法计算出的平均增长率为：（30% + 7.69% + 39.29%）÷3 = 25.66%

增量平均法计算出的平均增长率为：（19，500 − 10，000）÷（3 × 10，000）= 31.66%

复合增长率为：$\sqrt[3]{19,500/10,000} - 1 = 24.93\%$（即：$100,000 \times (1 + CAGR)^3 = 100,000 \times (1 + 24.93\%)^3 = 195,000$）

再如：

第一年的增长率为5%，第二年的增长率为6%，第三年的增长率为7%。

三年的简单平均增长率 =（0.05 + 0.06 + 0.07）÷3 = 6%

复合增长率 = $\sqrt[3]{1.05 \times 1.06 \times 1.07} - 1 = 5.99\%$

从统计学的角度来说，复合增长率是一种几何平均数，而平均增长率是一种算术平均数。对于同一组增长率数据而言，几何平均数要比算术平均数小，因此年复合增长率总是低于年平均增长率。

统计学里，平均数也被称为期望值（Expected Value），年平均增长率则相当于会计里的预期回报率（Expected Return）；而复合增长率则相当于复利回报率（Compound Return），用于计算经过若干期复利之后财富的累积规模，即复利终值。

【一个数字游戏】

国内油价与国际油价相比一向是"涨快跌慢"，原因之一是我国成品油调价是依据三地原油价格变动超过4%这个边界条件。比如，从一桶100美元涨到104美元时，我们就跟着涨价；但是，从104美元回调4%再降价，则要等价格回落到99.84美元。以4%为边界条件，则油价越高，国内反应越迟钝。

（3）比率分析法。

把彼此存在关联的项目进行对比分析，从而得到某种有意义的比值的方法就是比率分析方法。在财务分析中，比率分析法一般应用于盈利能力、偿债能力和营运能力分析等。

很显然，随着我们对事物内涵规律认识的进一步深化，可以发现和创造更多有意义的比率，如克强指数①、研发强度、福利系数等。

在此，笔者也真心呼吁更多的研究者、教师或学生，投入到具体的生产、生活和社会实践之中，探索、发现并创造出更多的有实际意义的指标，进一步指导并服务于财务分析。

受美国西南航空公司低成本战略的启发，笔者认为，福利系数＝公司为员工所承担的所有成本或费用/员工的工资、奖金、津贴等货币性收入。很显然，福利系数越高，该公司的福利越好；而福利系数越低，表明该公司的福利越差。假设美国西南航空公司因为不提供航空餐食而节省 4 名空乘人员，如果该公司的福利系数为 10，则该公司因此而减少的成本是每名空乘人员工资的 40 倍。当然，在我国，央企或国有企业员工虽因为相对较低的工资，但因为此类企业较高的福利系数而让众多求职者趋之若鹜，便是此理。

可以说，上述三种方法本质上都是比较分析方法。只不过结构分析是同一时期不同项目的纵向比较分析；变动趋势分析是同一项目在不同时期的横向比较分析；而比率分析是不同项目在同一时期（也可以是有规律的不同时期）的关联比较分析。比较分析方法应用的前提是，应确定比较标准和评估可比性。一般来说，常见的比较标准有基期标准、预期（或预算）标准、行业标准（行业均值、行业龙头等）等。

（4）分解分析法。

分解分析法是将一个相对复杂的指标分解成若干个子指标，再对每一个子指标进行研究，从而达到易于分析、便于实行的目的。常用的分解分析法有总分法和渐进法：总分法直接把核心数据拆分成若干个子指标，这些子指标组合起来就

①　克强指数（Li Keqiang Index），是英国著名政经杂志《经济学人》在 2010 年推出的用于评估中国 GDP 增长量的指标，源于李克强总理 2007 年任职辽宁省委书记时，喜欢通过耗电量、铁路货运量和贷款发放量三个指标分析当时辽宁省经济状况。该指数是工业用电量新增、铁路货运量新增和银行中长期贷款新增三种经济指标的结合。自推出后，受到花旗银行在内的众多国际机构认可。

可得到核心数据；渐进法是按照数据之间的逻辑递进关系，逐次获得各项子指标，最后得出核心数据。

杜邦分析就是一种分解分析法。当然，结构分析方法在某种程度上也是一种分解分析方法。

1.4　财务分析的框架

在对既有分析框架总结的基础上，同时考虑现有财务分析实践对既有分析框架的影响与冲击，我们认为，第一，单纯依赖财务数据进行的分析只是一种"就结果分析结果"的分析方法，这种分析方法最大的不足就是没有考虑非财务数据在财务分析中的重要性；第二，既有的分析框架未能充分利用财务报表附注在分析中的作用与地位；第三，既有的框架没有对财务分析的信息来源、分析对象、分析方法与手段和分析目标作出区分，而实际上，结构分析、变动趋势分析、比率分析以及分解分析作为方法与手段，本身就具有方法创新与拓展上的无限可能，不应一成不变而成为分析方法上的一种束缚；第四，财务报告所反映的财务结果是公司战略与战术应用过程中在价值计量方面的结果体现，财务分析自然就离不开对公司战略层面与战术层面的具体分析，因此，对由公司战略所决定的基本面与商业模式的评价就变得很有意义。

基于上述分析，本教材建立了如下财务分析的基本框架，如图 1 - 6 所示。该分析框架有如下要点：

第一，该框架由分析的信息基础与信息来源、分析方法与手段、分析目的、分析功能等层次构成。具体来说，在该框架中，分析的信息基础为财务报告，而数据与信息来源除了报告中的报表及其附注信息之外，媒体信息、舆论信息等重要利益相关方的评价信息也需要引起足够重视；在分析方法与手段上，除了传统

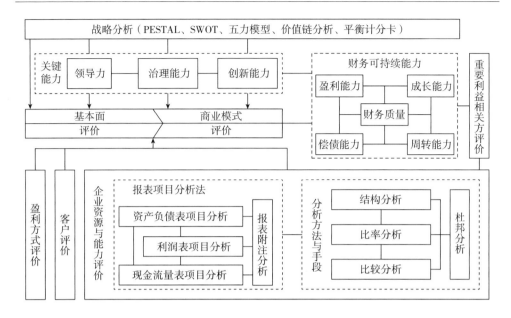

图1-6 财务分析框架

的结构分析、比较分析、比率分析以及杜邦分析等方法之外，还需要在分析中应用检查、查询、观察、分析性复核重新计算和逻辑推算等方法，以中立姿态"勾勒"出分析对象的全貌；在分析功能方面，财务分析具有由重要利益相关方需求所决定的预测、决策、管理、监督、投机，甚至于就业选择等多元功能；而在分析的核心目的方面，既有面向过去与现在的现状评价，也有面向未来的前景预测与评价，还有对公司发展可持续性进行评价等多重目的。

第二，该框架的逻辑包括两个部分：一是"由上至下"的战略、战术决定了其财务表现；二是"由下至上"的以财务报告为基础的财务可持续能力评价。"由上至下"的战略、战术财务决定形成了"客观真实"，而"由下至上"的财务可持续能力评价是对这种"客观真实"的"触摸与勾勒"，是主观见之于客观的一种财务分析实践。而这样的"由下至上"与"由上至下"的主观与客观的有机结合，决定了这个框架的逻辑合理性与内在一致性。

第三，该框架反映出财务分析是一门跨学科的综合性很强的分析学科。该框架以财务、会计学为分析基础，既涉及 PESTAL、SWOT、五力模型等战略管理学及其分析方法，又涉及领导力、治理能力等管理学和营销学科及其相关策略，还涉及媒体和舆论等传播学相关领域。我们也不否认，该课程也不排斥预测学的相关方法与技术。

第2章 财务分析基础：财务报告

【学习目标】

掌握财务报告的构成及表间关系；

掌握四大财务报表项目含义、数据来源及其勾稽关系；

熟悉报表附注的构成；

熟悉上市公司年报的主要内容。

【重点与难点】

财务报告构成及其内容；

报表项目间的勾稽关系；

报表项目数据来源。

2.1 财务报告概述

2.1.1 财务报告及其构成

财务报表是对企业财务状况、经营成果和现金流量的结构性表述。财务报表至少应当包括下列组成部分①：

（1）资产负债表；

（2）利润表；

（3）现金流量表；

（4）所有者权益（或股东权益）变动表；

（5）附注。

财务会计报告由会计报表、会计报表附注和财务情况说明书组成。②

由此也可以看到《会计法》和会计准则中对于财务报告构成内容的不太一致的方面。为了统一起见，本书将财务报告的构成用图 2 - 1 表示。

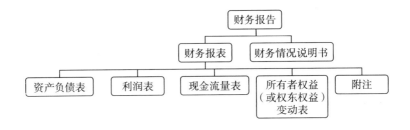

图 2 - 1   财务报告构成

需要强调的是，在《CAS30 - 财务报表列报》中特别强调，"财务报表上述组成部分具有同等的重要程度"，即附注与四大报表具有同等的重要程度。由于报表格式相对固定的限制，使得报表信息的相关性受到一定限制，而附注由于披露方式更加自由，在披露内容上也只有一个原则性的规范，因此其相关性较高。

2.1.2   财务报表格式的演进

财务报表形式是为内容和目标服务的。为了达到向利益相关方提供高质量的

---

① 2014 年修订的《CAS30 - 财务报表列报》第二条。
② 《会计法》第二十条。

会计信息这个目的，作为结构性表述手段的财务报表格式经常会因相关会计准则的变化而变化。

追溯起来，财务报表格式的演变经历了以下几个阶段：

第一阶段：这一阶段的起点标志是 1992 年颁布，1993 年 7 月 1 日正式实施的"两则两制"。为了规范企业的核算行为，提高我国企业的会计信息质量，建立健全国家统一的会计制度，1992 年 11 月 30 日，经国务院批准，财政部发布了《企业会计准则》《企业财务通则》以及 13 个行业会计制度和 10 个行业财务制度，俗称"两则两制"，并于 1993 年 7 月 1 日起实行。1999 年 10 月 31 日重新修订通过的《会计法》，要求企业保证会计资料的真实、完整，并且规定国家实行统一的会计制度。同时，为了贯彻实施《会计法》，国务院于 2000 年 6 月 21 日发布了配套法规《企业财务会计报告条例》（国务院令第 287 号，于 2001 年 1 月 1 日起实施）①。

第二阶段：这一阶段的起点标志是自 2001 年 1 月《企业会计制度》的正式施行（暂在股份有限公司执行，并鼓励国有企业和其他企业执行），终点标志是 2006 年 2 月财政部正式发布 39 项新会计准则和 48 项注册会计师审计准则。2001 年颁布《金融企业会计制度》、2004 年颁布《小企业会计制度》和《民间非营利组织会计制度》，进一步完善了会计制度体系。

第三阶段：这一阶段的起点标志是从 2007 年 1 月 1 日正式实施的 39 项新会计准则和 48 项注册会计师审计准则。这一阶段会计准则全面取代会计制度（除少数准则保持中国特色外），与国际会计准则实现了全面趋同，进一步缩小了我国企业会计标准与国际会计准则的差异，是中国会计国际化趋同的显著标志。

---

① 我国于 1997 年发布了第一项具体会计准则《企业会计准则——关联方关系及其交易的披露》（从 1998 年起开始实施），到 2001 年底我国已颁布了 16 项具体准则，标志着与国际惯例相适应的中国会计准则体系逐步建立。

第四阶段：随着会计准则的国际趋同，我国的会计准则体系逐渐形成。为解决执行企业会计准则的企业在财务报告编制中的实际问题，规范企业财务报表列报，提高会计信息质量，以及考虑了准则实施中的有关情况，财政部对财务报表格式进行了持续调整，发布了《关于修订印发一般企业财务报表格式的通知》。需要说明的是，每一次新格式的发布都会废止先前的格式，但对这三次格式的变化追踪，有助于我们深入理解财务报表的功能及其各个项目的内涵，进而有助于我们对财务报表的阅读与理解。三次报表格式变化的主要动因和文号如表 2 - 1 所示。

表 2 - 1　一般企业财务报表格式变化的动因及文号

准则变化动因	说明	文号
《CAS42 - 持有待售的非流动资产、处置组和终止经营》《CAS16 - 政府补助》		财会〔2017〕30 号
针对四项"新金融准则"和"新收入准则"①	（1）尚未执行新金融准则和新收入准则；（2）已执行新金融准则和新收入准则两种情况	财会〔2018〕15 号
新修订的《CAS21 - 租赁》，简称新租赁准则	（1）未执行新金融准则、新收入准则和新租赁准则的企业；（2）已执行新金融准则、新收入准则和新租赁准则的企业；（3）已执行新金融准则但未执行新收入准则和新租赁准则的企业，或已执行新金融准则和新收入准则但未执行新租赁准则的企业，应当结合相关要求对财务报表项目进行相应调整	财会〔2019〕6 号

---

①　四项新金融准则为 2018 年 1 月 1 日起分阶段实施的《CAS22 - 金融工具确认和计量》（财会〔2017〕7 号）、《CAS23 - 金融资产转移》（财会〔2017〕8 号）、《CAS24 - 套期会计》（财会〔2017〕9 号）、《CAS37 - 金融工具列报》（财会〔2017〕14 号）。新收入准则为《CAS14 - 收入》（财会〔2017〕22 号）。

2.1.3 财务报表格式的演进要点

（1）2006 年版本的变化。

资产负债表项目：

——流动资产部分，取代短期投资，增加了交易性金融资产，取消了待摊费用。

——长期资产部分，取代长期债权投资，增加了可供出售金融资产、持有至到期投资，加入了投资性房地产；有了属于长期资产的生产性生物资产；有了专项的油气资产；单列了开发支出和商誉。

——流动负债部分，有了交易性金融负债，取消了预提费用。

——长期负债部分，有了专门要求的专项应付款，将预计负债列为长期负债。

——所有者权益部分，有了专门的库存股项目。

利润表项目：

——将原来的四段式变为了三段式；

——将主营业务的内容与其他业务的内容在报表上合并；

——在营业利润中加入了资产减值损失和公允价值变动净收益，从而改变了原来的营业利润的概念；

——在营业外支出部分，要求专门列示非流动资产处置净损失项目；

——将基本每股收益、稀释每股收益列在表中；

——补增了其他综合收益和综合收益总额部分。

（2）财会〔2017〕30 号文的变化。

由于《CAS42 - 持有待售的非流动资产、处置组和终止经营》和《CAS16 - 政府补助》的出台，财政部颁布了财会〔2017〕30 号，带来的变化有：

资产负债表：

——新增"持有待售资产"以及"持有待售负债"项目。

利润表：

——在"营业利润"之上新增"资产处置收益"项目。

30 号文中，利润表新增的"资产处置收益"项目反映：

1）企业出售划分为持有待售的非流动资产（金融工具、长期股权投资和投资性房地产除外）或处置组时确认的处置利得或损失，以及处置未划分为持有待售的固定资产、在建工程、生产性生物资产及无形资产而产生的处置利得或损失；

2）债务重组中因处置非流动资产产生的利得或损失；

3）非货币性资产交换产生的利得或损失。

这样一来，营业外收入和营业外支出的范围缩小了，营业利润的范围因此而扩大。

——在"营业利润"之上新增"其他收益"项目。

利润表新增的"其他收益"项目反映计入其他收益的政府补助等。与企业日常活动相关的政府补助，应当按照经济业务实质，计入其他收益或冲减相关成本费用。与企业日常活动无关的政府补助，仍应当计入营业外收入。

——营业外收支的范围缩小。

财会〔2017〕30 号文中："营业外收入"项目，反映企业发生的营业利润以外的收益，主要包括债务重组利得、与企业日常活动无关的政府补助、盘盈利得、捐赠利得等。该项目应根据"营业外收入"科目的发生额分析填列。

"营业外支出"项目，反映企业发生的营业利润以外的支出，主要包括债务重组损失、公益性捐赠支出、非常损失、盘亏损失、非流动资产毁损报废损失等。该项目应根据"营业外支出"科目的发生额分析填列。

——在"净利润"之下新增"持续经营净利润"和"终止经营净利润"项目。这意味着《CAS30 – 财务报表列报》中仅在附注中披露的终止经营信息正式进入了利润表。

（3）财会〔2018〕15 号文的变化。

财会〔2018〕15 号文带来的变化，是按照企业是否执行了新金融准则和收入准则分别规范的。

对尚未执行新金融准则和新收入准则的企业而言：

——"应收票据"及"应收账款"合项为新增的"应收票据及应收账款"项目；

——"应收利息"及"应收股利"项目归并到"其他应收款"项目；

——"固定资产清理"项目归并到"固定资产"项目；

——"工程物资"项目归并到"在建工程"项目；

——"应付票据"及"应付账款"项目归并到新增的"应付票据及应付账款"项目；

——"应付利息"及"应付股利"项目归并到"其他应付款"项目；

——"专项应付款"项目归并到"长期应付款"项目；

——"持有待售资产"项目及"持有待售负债"项目核算内容发生变化；

——"管理费用"项下拆分并单列研发费用；

——"财务费用"项下详列利息费用和利息收入项目；

——"其他收益"位置提前，这样，营业利润中的利得（损失）项目依次为：资产减值损失、其他收益、投资收益、公允价值变动收益、资产处置收益；

——"营业外收支"项目下删除了非流动资产处置利得和损失项目；

——简化了"其他综合收益"明细项目的名称：将原"重新计量设定受益计划净负债或净资产的变动"改为"重新计量设定受益计划变动额"，将原"权益法下在被投资单位不能重分类进损益的其他综合收益中享有的份额"改为"权益法下不能转损益的其他综合收益"，将原"权益法下在被投资单位以后将重分类进损益的其他综合收益中享有的份额"改为"权益法下可转损益的其他综合收益"，将原"结转重新计量设定受益计划净负债或净资产所产生的变动"改为"设定受益计划变动额结转留存收益"。

对已执行新金融准则或新收入准则的企业而言，有如下变化：

新增与新金融工具准则有关的"交易性金融资产""债权投资""其他债权投资""其他权益工具投资""其他非流动金融资产""交易性金融负债""信用减值损失""净敞口套期收益""其他权益工具投资公允价值变动""企业自身信用风险公允价值变动""其他债权投资公允价值变动""金融资产重分类计入其他综合收益的金额""其他债权投资信用减值准备""现金流量套期储备""其他综合收益结转留存收益"等项目；

新增与新收入准则有关的"合同资产"和"合同负债"项目；

修订了"存货""其他流动资产""其他非流动资产""其他流动负债""预计负债"等科目反映的内容；

同时，删除与原金融工具准则有关的"可供出售金融资产公允价值变动损益""持有至到期投资重分类为可供出售金融资产损益"以及"现金流量套期损益的有效部分"等项目。

（4）财会〔2019〕6号文的变化。

2018年，针对新租赁准则的变化以及准则实施中的相关情况，财政部又对报表格式进行了新的规范，即《关于修订印发2019年度一般企业财务报表格式的通知》（财会〔2019〕6号），主要变动内容如下：

企业对不存在相应业务的报表项目可结合本企业的实际情况进行必要删减，企业根据重要性原则并结合本企业的实际情况可以对确需单独列示的内容增加报表项目。

对尚未执行新金融准则和新收入准则的企业而言，资产负债表报表项目的变化：

两项分拆、一项新增，即：

——"应收票据及应收账款"项目分拆为"应收票据"及"应收账款"两个项目；

——"应付票据及应付账款"项目分拆为"应付票据"及"应付账款"两个项目；

——在"所有者权益"下"其他综合收益"项目后，"盈余公积"项目前，新增"专项储备"项目反映高危行业企业按国家规定提取的安全生产费的期末账面价值。

同时，还强调了：

——按照采用折旧（或摊销、折耗）方法进行后续计量的固定资产、无形资产和长期待摊费用等非流动资产，只剩一年或不足一年的，或预计在一年内（含一年）进行折旧（或摊销、折耗）的部分，仍在各该非流动资产项目中填列，不转入"一年内到期的非流动资产"项目；

——"递延收益"项目中摊销期限只剩一年或不足一年的，或预计在一年内（含一年）进行摊销的部分，仍在该项目中填列，不转入"一年内到期的非流动负债"项目。

对执行新金融准则和新收入准则的企业而言：

资产负债表报表项目的变化，除了上述两项分拆之外，还有：

——新增"应收款项融资"项目，反映以公允价值计量且其变动计入其他综合收益的应收票据和应收账款等；

——新增"使用权资产"项目，反映承租人企业持有的使用权资产的期末账面价值；

——新增"租赁负债"项目，反映承租人企业尚未支付的租赁付款额的期末账面价值；

——新增"专项储备"项目，反映高危行业企业按国家规定提取的安全生产费的期末账面价值。

利润表报表项目的变化：

——"资产减值损失"项目位置移至"公允价值变动收益"下一行列示。

利润表报表项目内容的变化：

——关于"研发费用"项目，补充了原计入管理费用的自行开发无形资产的摊销；

——"利息收入"应反映按照相关会计准则确认的应冲减财务费用的利息收入；

——列入"营业外支出"的"非流动资产毁损报废损失"通常包括因自然灾害发生毁损、已丧失使用功能等原因而报废清理产生的损失；企业在不同交易中形成的非流动资产毁损报废利得和损失不得相互抵销，分别在"营业外收入"和"营业外支出"项目进行填列；

——"营业外收入"和"营业外支出"项目内容删除了债务重组利得和损失。

所有者权益变动表的变化：

——"其他权益工具持有者投入资本项目"反映企业发行在外的除普通股以外分类为权益工具的金融工具持有者投入资本的金额。

2.2 资产负债表

2.2.1 资产负债表的格式

资产负债表是以"资产=负债+所有者权益"为理论依据，综合反映会计主体某一特定时间财务状况的报表。

《关于修订印发2019年度一般企业财务报表格式的通知》（财会〔2019〕6号）规定的资产负债表的格式（执行新金融和收入准则后）如表2-2所示。

表 2 - 2　资产负债表　　　　　　　　　会企 01 表

编制单位：　　　　　　　　　　　年　月　日　　　　　　　　　　　单位：元

资产	期末余额	上年年末余额	负债和所有者权益（或股东权益）	期末余额	上年年末余额
流动资产：			流动负债：		
货币资金			短期借款		
交易性金融资产			交易性金融负债		
衍生金融资产			衍生金融负债		
应收票据			应付票据		
应收账款			应付账款		
应收款项融资			预收款项		
预付款项			合同负债		
其他应收款			应付职工薪酬		
存货			应交税费		
合同资产			其他应付款		
持有待售资产			持有待售负债		
一年内到期的非流动资产			一年内到期的非流动负债		
其他流动资产			其他流动负债		
流动资产合计			流动负债合计		
非流动资产：			非流动负债：		
债权投资			长期借款		
其他债权投资			应付债券		
长期应收款			其中：优先股		
长期股权投资			永续债		
其他权益工具投资			租赁负债		
其他非流动金融资产			长期应付款		
投资性房地产			预计负债		
固定资产			递延收益		
在建工程			递延所得税负债		
生产性生物资产			其他非流动负债		
油气资产			非流动负债合计		
使用权资产			负债合计		
无形资产			所有者权益（或股东权益）：		
开发支出			实收资本（或股本）		

续表

资产	期末余额	上年年末余额	负债和所有者权益（或股东权益）	期末余额	上年年末余额
商誉			其他权益工具		
长期待摊费用			其中：优先股		
递延所得税资产			永续债		
其他非流动资产			资本公积		
非流动资产合计			减：库存股		
			其他综合收益		
			专项储备		
			盈余公积		
			未分配利润		
			所有者权益（或股东权益）合计		
资产总计			负债和所有者权益（或股东权益）总计		

2.2.2　资产负债表项目分类的拓展

对资产／负债的细分，国内外的财务报表中一般按流动性将其分为流动资产／流动负债和非流动资产／非流动负债。而对流动性的界定，在《CAS30－财务报表列报》中规定，资产／负债满足下列条件之一的，应当归类为流动资产／流动负债：

（1）预计在一个正常营业周期中变现、出售或耗用／清偿；

（2）主要为交易目的而持有；

（3）预计在资产负债表日起一年内变现／到期应予以清偿；

（4）自资产负债表日起一年内，交换其他资产或清偿负债的能力不受限制的现金或现金等价物，企业无权自主地将清偿推迟至资产负债表日后一年以上。

【问题的提出】善于分类，深刻理解

分类是认识世界的基础，新的分类也是认知和创新的开始。分类能够让人们更清楚地辨认、分析、寻找、思考和观察对象，也正是分类，使得我们对世界的认识更加多彩和深入。如果对资产或负债的分类，还仅停留在流动与非流动这样单一的分类标准上，那很显然，我们对资产或负债的认知是有限的，这也会妨碍我们对资产和负债及其构成内涵的理解。因此，除了上述基本分类外，还有哪些分类有助于我们更好地认识资产和负债呢？

对照资产负债表，我们不妨按照如下标准进行尝试：

（1）资产的分类。

第一，按照有无物理实物形态，可分为：

1）有物理实物形态的资产。如存货、货币资金、固定资产、投资性房地产、在建工程、生产性生物资产、油气资产等。

2）没有物理实物形态的资产，又可以将其细分为权利类资产和其他资产。权利类资产，如交易性金融资产、衍生金融资产、应收项目、合同资产、债权投资、长期股权投资等；其他资产，如开发支出、长期待摊费用、递延所得税资产和商誉等。

显然，有物理实物形态的资产，由于其实物形态的空间占用，会发生存储、保管、维护、保养、现场管理或运输等相应作业及其成本，并且在期末一般需要进行盘点，以做到账实相符。对于没有物理实物形态的权利类资产，由于没有实物形态，其权利一般会体现在合同、票证、证券等形式中，会面临较大的跌价或减值风险，更容易遭受价值损失。

递延所得税资产是一项特殊资产。企业应当以很可能取得用来抵扣可抵扣暂时性差异的应纳税所得额为限，确认由可抵扣暂时性差异产生的递延所得税资产。

第二，按照资产的计量属性，可分为：

1）按历史成本计量的资产，如存货、固定资产、在建工程、以成本模式计量的投资性房地产、生产性生物资产、无形资产等。

2）按公允价值计量的资产，如交易性金融资产、衍生金融资产、以公允价值模式计量的投资性房地产等。

3）按摊余成本计量的资产，如应收账款、债权投资、其他债权投资、长期应收款等。

第三，按是否提取折旧或减值，可划分为：

1）既有折旧或摊销又会发生减值的资产。这一类资产均为非流动资产，如固定资产、生产性生物资产、以成本模式计量的投资性房地产、油气资产、无形资产；这一类资产的折旧或摊销，是对应折旧额或应摊销额的系统性分摊，在分摊的基础上，还需要在期末关注其减值迹象，进行减值测试，以决定是否需要减值。

2）仅发生减值的资产，如应收项目、存货、合同资产、持有待售资产、债权投资等；这一类资产，不需要进行折旧摊销，只需要在期末进行减值测试。

可以发现，所有按公允价值计量的资产，无需提取折旧或摊销，也无需计提减值，其公允价值的下降已经自动反映了价值的损耗，但该类资产也确认价值提升所带来的账面收益，即"纸面财富"。

第四，按资产的性质，可划分为经营性和生产性资产，也可以划分为金融资产和非金融资产。

经营性资产，如应收票据、应收账款、预付款项、其他应收款、存货、合同资产等。

生产性资产，如固定资产、在建工程、生产性生物资产、油气资产、无形资产等。

金融资产，如交易性金融资产、衍生金融资产、债权投资、其他债权投资、长期股权投资、其他权益工具投资等。

非金融资产，指除金融资产以外的其他资产，如存货、合同资产、投资性房地产、固定资产、在建工程等。

第五，按是否可辨认，可划分为可辨认资产和不可辨认资产。

在《CAS6－无形资产》第三条中规定，资产满足下列条件之一的，符合无形资产定义中的可辨认性标准：

其一，能够从企业中分离或者划分出来，并能单独或者与相关合同、资产或负债一起，用于出售、转移、授予许可、租赁或者交换。

其二，源自合同性权利或其他法定权利，无论这些权利是否可以从企业或其他权利和义务中转移或者分离。

按此标准，资产可以划分为：

1）可辨认资产，即可以进行划分、区分的单项资产、资产组或资产组组合。可辨认资产又可以根据其是否有形，划分为有形资产和无形资产。

无形资产，是指企业拥有或者控制的没有实物形态的可辨认非货币性资产。会计中的无形资产的形成，如图 2-2 所示。

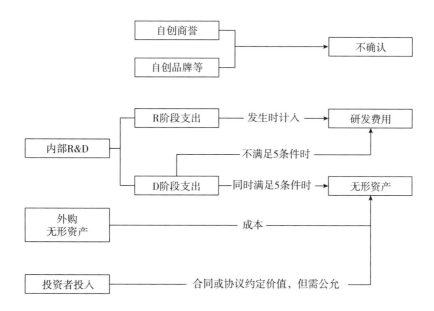

图 2-2 无形资产形成示意图

可以注意到，开发支出、长期待摊费用、递延所得税资产这三类资产不符合上述无形资产的定义，但笔者认为这三类资产是无形的，属于可辨认但不属于无形资产的资产。可以说，这三类资产是比较特殊的资产。

2）不可辨认资产，特指商誉。商誉是一项特殊资产，由非同一控制下的企业合并产生。在合并报表中的商誉，是由于非同一控制下的控股合并而产生；在个别报表中的商誉，是由于非同一控制下的吸收合并而产生。

第六，按资产价值是否固定或可确定，可划分为货币性和非货币性资产。

1）货币性资产，是指企业持有的货币资金和将以固定或可确定的金额收取的资产，包括现金、银行存款、应收账款和应收票据以及准备持有至到期的债券投资等。

2）非货币性资产，是指货币性资产以外的资产。

（2）负债的分类。

第一，按照负债性质，可划分为：

1）经营性负债，如应付项目、预收款项、合同负债、应付职工薪酬、其他应付款、应交税费等。

2）金融负债，如短期借款、交易性金融负债、衍生金融负债、长期借款、应付债券、长期应付款等。

3）其他，如持有待售负债、预计负债、递延收益、递延所得税负债。

预计负债，是指因商业承兑汇票贴现、未决诉讼、仲裁、提供担保等原因形成的或有负债在满足了负债的确认条件之后而形成。就这些项目与现金流量表三类活动的归属关系而言，我们看到，商业承兑汇票贴现是因筹资活动而产生；而未决诉讼、仲裁和担保可能由经营、筹资或投资活动的任何一种而引起。

递延所得税负债，可能由任何一类资产的账面价值与计税基础差异形成的应纳税暂时性差异而产生，因此，也无法确定其应归属哪一类。

第二，按有无利息，即是否带息，可以划分为：

1）带息负债，如短期借款、应付票据、长期借款、长期应付款、应付债券等。

2）不带息负债，如应付账款、其他应付款、预计负债、递延收益、递延所得税负债等。

第三，按负债义务的性质，可分为合同义务负债、法定义务负债和推定义务负债。

1）合同义务负债，如短期借款、应付票据、应付账款等金融负债，都属于合同义务。

合同义务（Contractual Obligation）主要是合同当事人约定的义务，但现代合同法上的合同义务来源多样化，导致违约责任概念的改变。传统合同法认为只有当事人约定的义务才能称为合同义务。违反约定的义务才承担违约责任。现代合同法认为，以下两种义务也是合同义务：一是法律规定的当事人必须遵守的强行性义务；二是附随义务，附随义务基于诚信原则而产生，体现在合同的履行及合同终止之后。

2）法定义务负债，如应交税费等。

法定义务（Lawful Duties）是指由宪法、法律和规章制度等所规定的义务，具有强制性。

3）推定义务负债，如预计负债中的产品售后保证义务等。

推定义务（Constructive Obligation）是指根据企业多年来的习惯做法、公开承诺或者公开宣布的政策而导致企业将承担的责任，这些责任也使有关各方形成了企业将履行义务解脱责任的合理预期。

（3）所有者权益的分类。

资产负债表中所有者权益项目的分类基本是按照"本"和"赚"两大块排列的。实收资本、其他权益工具、资本公积和库存股项目属于资本的投入，即"本"的部分；盈余公积、未分配利润属于盈余的积累，是"赚"的部分。

其他综合收益性质特殊，多数文献将其看作未实现的属于"赚"的部分。

根据所有者权益变动表，所有者权益的构成，有实收资本（或股本）、其他权益工具（优先股、永续债和其他）、资本公积和作为减项的库存股，这四个项目因投资原因而产生，是属于企业的"本"的部分；还有其他综合收益、专项储备、盈余公积、一般风险准备、未分配利润和少数股东权益（合并报表）这六项，是属于企业的"赚"的部分。当然，对合并报表的所有者权益构成来说，这十个构成项目中，除了合并报表中的少数股东权益外，其他九个项目是归属于母公司所有者的权益。

2.2.3 资产负债表主要项目说明

（1）"交易性金融资产"项目，反映资产负债表日企业分类为以公允价值计量且其变动计入当期损益的金融资产，以及企业持有的指定为以公允价值计量且其变动计入当期损益的金融资产的期末账面价值。该项目应根据"交易性金融资产"科目的相关明细科目的期末余额分析填列。自资产负债表日起超过一年到期且预期持有超过一年的以公允价值计量且其变动计入当期损益的非流动金融资产的期末账面价值，在"其他非流动金融资产"项目反映。

（2）"应收票据"和"应收账款"项目，反映资产负债表日以摊余成本计量的，企业因销售商品、提供服务等收到的商业汇票或款项，应收票据包括银行承兑汇票和商业承兑汇票。该项目应根据"应收票据"或"应收账款"科目的期末余额，减去"坏账准备"科目中相关坏账准备期末余额后的金额分析填列。

（3）"应收款项融资"项目，反映资产负债表日以公允价值计量且其变动计入其他综合收益的应收票据和应收账款等。

（4）"其他应收款"项目，应根据"应收利息""应收股利"和"其他应收款"科目的期末余额合计数，减去"坏账准备"科目中相关坏账准备期末余额后的金额填列。其中的"应收利息"仅反映相关金融工具已到期可收取但于资产负债表日尚未收到的利息。基于实际利率法计提的金融工具的利息应包含在相应金融工具的账面余额中。

（5）"债权投资"项目，反映资产负债表日企业以摊余成本计量的长期债权投资的期末账面价值。该项目应根据"债权投资"科目的相关明细科目期末余额，减去"债权投资减值准备"科目中相关减值准备的期末余额后的金额分析填列。自资产负债表日起一年内到期的长期债权投资的期末账面价值，在"一年内到期的非流动资产"项目反映。企业购入的以摊余成本计量的一年内到期的债权投资的期末账面价值，在"其他流动资产"项目反映。

（6）"其他债权投资"项目，反映资产负债表日企业分类为以公允价值计量且其变动计入其他综合收益的长期债权投资的期末账面价值。该项目应根据"其他债权投资"科目的相关明细科目的期末余额分析填列。自资产负债表日起一年内到期的长期债权投资的期末账面价值，在"一年内到期的非流动资产"项目反映。企业购入的以公允价值计量且其变动计入其他综合收益的一年内到期的债权投资的期末账面价值，在"其他流动资产"项目反映。

（7）"长期股权投资"项目。对长期股权投资的分析，应结合金融工具、合营安排、关联方关系以及在其他主体中权益的披露这几个方面进行，力图掌握公司在权益性投资方面的全貌，以把握投资风险。

在我国，与股权投资业务相关的确认、计量和列报准则如表 2 - 3 所示。

表 2 - 3 我国与股权投资业务相关的确认、计量和列报准则

准则	作用	有关科目
CAS2 - 长期股权投资 CAS22 - 金融工具确认和计量 CAS23 - 金融资产转移	确认和计量	长期股权投资和金融工具相关科目
CAS40 - 合营安排	认定、分类和会计处理	长期股权投资和金融工具相关科目
CAS33 - 合并财务报表 CAS37 - 金融工具列报	编制和列报	
CAS30 - 财务报表列报	列报	
CAS36 - 关联方披露	披露	仅进行合并财务报表范围外关联方的信息披露，没有会计处理等内容
CAS41 - 在其他主体中权益的披露	披露	进行全面的股权投资的信息披露，附有一些会计处理的相关内容

进一步来说，我国关于权益性投资的准则间的关系如图 2 - 3 所示。

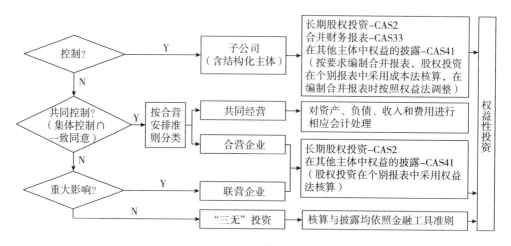

图 2 - 3 权益性投资分类

资料来源：耿建新，李志坚．在其他主体中权益的披露准则解析——基于准则国际比较的探讨［J］．财会月刊，2020（15）：57 - 64．

（8）"其他权益工具投资"项目，反映资产负债表日企业指定为以公允价值计量且其变动计入其他综合收益的非交易性权益工具投资的期末账面价值。该项目应根据"其他权益工具投资"科目的期末余额填列。

（9）"固定资产"项目，反映资产负债表日企业固定资产的期末账面价值和企业尚未清理完毕的固定资产清理净损益。该项目应根据"固定资产"科目的期末余额，减去"累计折旧"和"固定资产减值准备"科目的期末余额后的金额，以及"固定资产清理"科目的期末余额填列。

（10）"在建工程"项目，反映资产负债表日企业尚未达到预定可使用状态的在建工程的期末账面价值和企业为在建工程准备的各种物资的期末账面价值。该项目应根据"在建工程"科目的期末余额，减去"在建工程减值准备"科目的期末余额后的金额，以及"工程物资"科目的期末余额，减去"工程物资减值准备"科目的期末余额后的金额填列。

（11）"使用权资产"项目，反映资产负债表日承租人企业持有的使用权资产的期末账面价值。该项目应根据"使用权资产"科目的期末余额，减去"使用权资产累计折旧"和"使用权资产减值准备"科目的期末余额后的金额填列。

（12）"交易性金融负债"项目，反映资产负债表日企业承担的交易性金融负债，以及企业持有的指定为以公允价值计量且其变动计入当期损益的金融负债的期末账面价值。该项目应根据"交易性金融负债"科目的相关明细科目的期末余额填列。

（13）"其他应付款"项目，应根据"应付利息""应付股利"和"其他应付款"科目的期末余额合计数填列。其中的"应付利息"仅反映相关金融工具已到期应支付但于资产负债表日尚未支付的利息。基于实际利率法计提的金融工具的利息应包含在相应金融工具的账面余额中。

（14）"租赁负债"项目，反映资产负债表日承租人企业尚未支付的租赁付款额的期末账面价值。该项目应根据"租赁负债"科目的期末余额填列。自资产负债表日起一年内到期应予以清偿的租赁负债的期末账面价值，在"一年内到期的非流动负债"项目反映。

（15）"长期应付款"项目，反映资产负债表日企业除长期借款和应付债券以外的其他各种长期应付款项的期末账面价值。该项目应根据"长期应付款"科目的期末余额，减去相关的"未确认融资费用"科目的期末余额后的金额，以及"专项应付款"科目的期末余额填列。

（16）"递延收益"项目中摊销期限只剩一年或不足一年的，或预计在一年内（含一年）进行摊销的部分，不得归类为流动负债，仍在该项目中填列，不转入"一年内到期的非流动负债"项目。

（17）根据《CAS14 – 收入》（财会〔2017〕22 号，简称"新收入准则"）的相关规定，涉及如下相关科目：

1）"合同资产"项目、"合同负债"项目，应分别根据"合同资产"科目、"合同负债"科目的相关明细科目的期末余额分析填列，同一合同下的合同资产和合同负债应当以净额列示，其中净额为借方余额的，应当根据其流动性在"合同资产"或"其他非流动资产"项目中填列，已计提减值准备的，还应减去"合同资产减值准备"科目中相关的期末余额后的金额填列；其中净额为贷方余额的，应当根据其流动性在"合同负债"或"其他非流动负债"项目中填列。

2）资产负债表日，"合同结算"科目的期末余额在借方的，根据其流动性在"合同资产"或"其他非流动资产"项目中填列；期末余额在贷方的，根据其流动性在"合同负债"或"其他非流动负债"项目中填列。

3）合同取得成本，应当根据"合同取得成本"科目的明细科目初始确认时摊销期限是否超过一年或一个正常营业周期，在"其他流动资产"或"其他非流动资产"项目中填列，已计提减值准备的，还应减去"合同取得成本减值准备"科目中相关的期末余额后的金额填列。

4）合同履约成本，应当根据"合同履约成本"科目的明细科目初始确认时摊销期限是否超过一年或一个正常营业周期，在"存货"或"其他非流动资产"项目中填列，已计提减值准备的，还应减去"合同履约成本减值准备"科目中相关的期末余额后的金额填列。

5）应收退货成本，应当根据"应收退货成本"科目是否在一年或一个正常营业周期内出售，在"其他流动资产"或"其他非流动资产"项目中填列。确认为预计负债的应付退货款，应当根据"预计负债"科目下的"应付退货款"明细科目是否在一年或一个正常营业周期内清偿，在"其他流动负债"或"预计负债"项目中填列。

（18）对贷款承诺、财务担保合同等项目计提的损失准备，应当在"预计负债"项目中填列。

（19）"其他权益工具"项目，反映资产负债表日企业发行在外的除普通股以外分类为权益工具的金融工具的期末账面价值。对于资产负债表日企业发行的金融工具，分类为金融负债的，应在"应付债券"项目填列，对于优先股和永续债，还应在"应付债券"项目下的"优先股"项目和"永续债"项目分别填列；分类为权益工具的，应在"其他权益工具"项目填列，对于优先股和永续债，还应在"其他权益工具"项目下的"优先股"项目和"永续债"项目分别填列。

（20）"专项储备"项目，反映高危行业企业按国家规定提取的安全生产费的期末账面价值。该项目应根据"专项储备"科目的期末余额填列。

2.2.4 资产负债表的报表阅读重点

每家公司都因其所处行业、产品、地理位置、所有权性质等而有其自身特点。但一般来说，对资产负债表进行阅读分析时，也有其共性的一面需要关注，如：

❋报表项目的排列顺序；

❋偿债的紧迫程度；

❋资产的变现顺序；

❋资产和负债项目的结构分析及重要性排序；

❋针对报表项目的表注结合的细节分析；

❋本年数据与上年数据的直接比较等。

需要特别强调的是，各个重要的资产负债表项目在财务报表附注中都有具体内容，这是阅读财务报表时更应注意之处，非此难以真正读懂资产负债表。

2.3 利 润 表

2.3.1 利润表的格式

利润表是以"收入 + 利得 − 费用 − 损失 = 利润①"为理论依据，综合反映会

---

① 此处的利得与损失，专指直接计入损益表的利得与损失。

计主体某一时期经营成果的报表。

《关于修订印发 2019 年度一般企业财务报表格式的通知》（财会〔2019〕6号）规定的资产负债表的格式（执行新金融和收入准则后）如表 2-4 所示。

表 2-4　利润表　　　　　　　　　　　　　　　会企 02 表

编制单位：　　　　　　　　　　　年　　月　　　　　　　　　单位：元

项　　目	本期金额	上期金额
一、营业收入		
减：营业成本		
税金及附加		
销售费用		
管理费用		
研发费用		
财务费用		
其中：利息费用		
利息收入		
加：其他收益		
投资收益（损失以"-"号填列）		
其中：对联营企业和合营企业的投资收益		
以摊余成本计量的金融资产终止确认收益（损失以"-"号填列）		
净敞口套期收益（损失以"-"号填列）		
公允价值变动收益（损失以"-"号填列）		
信用减值损失（损失以"-"号填列）		
资产减值损失（损失以"-"号填列）		
资产处置收益（损失以"-"号填列）		
二、营业利润（亏损以"-"号填列）		
加：营业外收入		
减：营业外支出		
三、利润总额（亏损总额以"-"号填列）		
减：所得税费用		
四、净利润（净亏损以"-"号填列）		
（一）持续经营净利润（净亏损以"-"号填列）		

续表

项　　目	本期金额	上期金额
（二）终止经营净利润（净亏损以"－"号填列）		
五、其他综合收益的税后净额		
（一）不能重分类进损益的其他综合收益		
1. 重新计量设定受益计划变动额		
2. 权益法下不能转损益的其他综合收益		
3. 其他权益工具投资公允价值变动		
4. 企业自身信用风险公允价值变动		
……		
（二）将重分类进损益的其他综合收益		
1. 权益法下可转损益的其他综合收益		
2. 其他债权投资公允价值变动		
3. 金融资产重分类计入其他综合收益的金额		
4. 其他债权投资信用减值准备		
5. 现金流量套期储备		
6. 外币财务报表折算差额		
……		
六、综合收益总额		
七、每股收益		
（一）基本每股收益		
（二）稀释每股收益		

2.3.2　利润表项目的性质及其演进

从利润表格式可以看出，利润表的格式是按照图 2 - 4 所示的逻辑展开的。

要透彻理解图 2 - 4，就需要对如下概念深入掌握。

第一，收入/费用与利得/损失的概念。

根据《企业会计准则——基本准则》中的定义，收入/费用是指企业在日常活动中形成的、会导致所有者权益增加/减少的、与所有者投入资本/分配利润无关的经济利益的总流入/总流出。

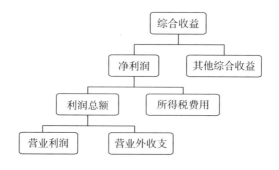

图 2 - 4　利润表格式框架

利得/损失是指由企业非日常活动所形成的、会导致所有者权益增加/减少的、与所有者投入资本/分配利润无关的经济利益的流入/流出。

通过对比可以看出，收入/费用与利得/损失的区别，就在于收入/费用是在企业日常活动中形成的，而利得/损失是在非日常活动中形成的。

同时，我们也注意到，在存货的定义中，即"企业在日常活动中持有以备出售的产成品……"，那么，无形资产的出售和出租是否算是企业的日常活动？什么算是企业的日常活动，什么不算是企业的日常活动？

【讨论】

何谓日常活动，何谓非日常活动呢？

企业日常活动，是指企业为完成其经营目标所从事的经常性活动以及与之相关的活动。其特点就是经常性、重复性和持续性。比如，工业企业制造并销售产品，商品流通企业销售商品，保险公司签发保单，咨询公司提供咨询服务，软件企业为客户开发软件，安装公司提供安装服务，商业银行对外贷款，租赁公司出租资产等，均属于企业为完成其经营目标所从事的经常性活动，由此产生的经济利益的总流入构成收入。

【讨论】

出售无形资产、固定资产，是日常活动还是非日常活动？

通过对这些问题的层层追踪，我们感觉到，如果不联系会计环境的变化，不联系会计目标与职能的不断演变，以及不联系整个世界环境的时空变化，就会"陷入"一种理论的迷茫。我们认为，对这个问题的回答，要结合下述的营业与营业外概念，通过营业利润内涵和范围的发展变化来回答。也就是说，对报表内涵的理解，也要有辩证唯物主义的历史观和发展观才好，静态地看待并回答这个问题，只会让我们陷入先前所谓"绝对正确"的陷阱之中。当然，这样的解释，也只是一种理性的思考与探索，在这个意义上，便也没有了"正误"之分。

第二，营业与营业外的概念。

通过对利润表格式演变的对比，我们可以看到利润表格式中营业利润内涵和项目范围的不断变化，如表 2 - 5 所示。

表 2 - 5　变化中的营业利润

主要阶段	营业利润的构成
《企业会计制度》 （2001）	一、主营业务收入 　减：主营业务成本 　　　主营业务税金及附加 二、主营业务利润（亏损以"－"号填列） 　加：其他业务利润（亏损以"－"号填列） 　减：营业费用 　　　管理费用 　　　财务费用 三、营业利润（亏损以"－"号填列）
《CAS30 - 财务报表列报》 应用指南（2006）	一、营业收入 　减：营业成本 　　　营业税金及附加 　　　销售费用 　　　管理费用 　　　财务费用 　　　资产减值损失 　加：公允价值变动收益（损失以"－"号填列） 　　　投资收益（损失以"－"号填列） 　　　　其中：对联营企业和合营企业的投资收益 二、营业利润（亏损以"－"号填列）

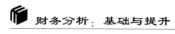

续表

主要阶段	营业利润的构成
财会〔2017〕30 号	一、营业收入 　减：营业成本 　　营业税金及附加 　　销售费用 　　管理费用 　　财务费用 　　资产减值损失 　加：公允价值变动收益（损失以"–"号填列） 　　投资收益（损失以"–"号填列） 　　　其中：对联营企业和合营企业的投资收益 　　资产处置收益 　　其他收益 二、营业利润（亏损以"–"号填列）
财会〔2018〕15 号—— 执行新准则	一、营业收入 　减：营业成本 　　营业税金及附加 　　销售费用 　　管理费用 　　研发费用 　　财务费用 　　　其中：利息费用 　　　　利息收入 　　资产减值损失 　　信用减值损失 　加：其他收益 　　投资收益（损失以"–"号填列） 　　　其中：对联营企业和合营企业的投资收益 　　净敞口套期收益（损失以"–"号填列） 　　公允价值变动收益（损失以"–"号填列） 　　资产处置收益（损失以"–"号填列） 二、营业利润（亏损以"–"号填列）

续表

主要阶段	营业利润的构成
财会〔2019〕6 号——执行新准则	一、营业收入 减：营业成本 　　税金及附加 　　销售费用 　　管理费用 　　研发费用 　　财务费用 　　　其中：利息费用 　　　　　　利息收入 加：其他收益 　　投资收益（损失以"－"号填列） 　　　其中：对联营企业和合营企业的投资收益 　　　　　　以摊余成本计量的金融资产终止确认收益 　　净敞口套期收益（损失以"－"号填列） 　　公允价值变动收益（损失以"－"号填列） 　　信用减值损失（损失以"－"号填列） 　　资产减值损失（损失以"－"号填列） 　　资产处置收益（损失以"－"号填列） 二、营业利润（亏损以"－"号填列）

可以看到，在 2006 年之前，营业利润的范围中不包含利得（或损失）项目；2006 年之后，增加了三项利得（或损失）项目（资产减值损失、公允价值变动损益和投资收益）；2017 年，三项利得扩展到五项（增加了其他收益和资产处置收益）；2018 年，将研发费用从管理费用项目中抽出单独列示，由于新四项金融准则和收入准则的修订并发布，增加了两个项目（"信用减值损失"和"净敞口套期收益"），营业利润内的利得（或损失）项目增加到七项；2019 年，对这七项利得（或损失）项目的顺序进行了调整，同时在投资收益项目下增加了一个小项（"以摊余成本计量的金融资产终止确认收益"）。

综上，利润表中"营业利润"项目中的营业活动，由最初的狭义的营业转变为广义的"大营业"概念。那就是，由于经营环境的变化，该"大营业"既包括完成其经营目标所从事的经常性活动，也包括为保证经常性活动正常开展所必需的相关投资和筹资活动。此外，由于商业模式变革和竞争的加剧，企业根据实际需要经常性地调整其经营结构，优化资产和资本结构，这就使得对非流动资产的处置等活动成为财务管理的常态。

需要强调的是，由于在营业利润范围内增加了"资产处置收益"项目，使得原来在营业外收入（或营业外支出）项目中核算的一些交易或事项（如对非流动资产的处置、一些资产的非货币性资产交换和债务重组业务），也被认作是营业利润的范畴。这个在下一节"资产处置收益""营业外收入"和"营业外支出"三个项目的说明中会有具体讲述。

那么，该如何从历史观的角度来看待营业利润项目范围和内涵的变化呢？

【进一步讨论】

出售无形资产、固定资产，是日常活动还是非日常活动？

资产处置收益与营业外收入/支出项目核算内容的不同在哪里？

第三，费用功能和费用性质。

企业应当以费用的性质或其在主体内的功能为基础对费用进行分类。

企业在利润表中应当对费用按照功能分类，分为从事经营业务发生的成本（即营业成本）、管理费用、销售费用和财务费用等。企业的活动通常可以划分为生产、销售、管理、融资等，在每一种活动上发生的费用所发挥的功能并不相同，因此，按照费用功能将其分开列报，有助于使用者了解费用发生的活动领域。

与此同时，准则①还规定，企业应当在附注中披露费用按照性质分类的利润表补充资料，可将费用分为耗用的原材料、职工薪酬费用、折旧费用、摊销费用等，以有助于报表使用者预测企业的未来现金流量。

在附注中披露的费用按照性质分类的补充资料如表 2 - 6 所示②。

---

① 《CAS30 - 财务报表列报》（2014 年修订）第三十九条。
② 2014 版财务报表列报准则要求在附注中披露费用按照性质分类的利润表补充资料，与 IAS 进一步保持了趋同。

表 2 - 6　附注披露的费用按照性质反映的分类表

项目	本期金额	上期金额
耗用的原材料		
产成品及在产品存货变动		
职工薪酬费用		
折旧费和摊销费用		
非流动资产减值损失		
支付的租金		
财务费用		
其他费用		
……		
合计		

《公开发行证券的公司信息披露编报规则第 15 号——财务报告的一般规定（2014 年修订）》第二十二条要求，按费用性质列示管理费用、销售费用及财务费用本期发生额、上期发生额。可以看出，相比会计准则的要求，编报规则第 15 号并未要求列示营业成本中的费用。

第四，净利润与其他综合收益的概念。

综合收益，是指企业在某一期间除与所有者以其所有者身份进行的交易之外的其他交易或事项引起的所有者权益变动。综合收益总额项目反映净利润和其他综合收益扣除所得税影响后的净额相加后的合计金额。

其他综合收益，是指企业根据其他会计准则规定未在当期损益中确认的各项利得和损失。

【讨论】

其他综合收益是资产负债表项目还是利润表项目？其内涵是什么？从表 2 - 4 来看，为什么利润表不被称为"综合收益表"呢？

目前无论在《国际财务报告准则（IFRS）》，还是我国《CAS30 - 财务报表列报》中，对"其他综合收益"都还没有一个可以概括其所有构成项目共同特征的描述性定义，而只是采取列举法对其进行了定义和界定。在我国企业会计准则中，其他综合收益是指企业根据会计准则规定未在当期损益中确认的各项利得和损失。这种定义方法属于典型的以对 A 事物规范后的结果来定义 A 事物，并不能反映 A 事物的本质特征，也就是说，该定义并未回答为什么其他综合收益项目不能在当期利润表中确认的问题。

目前既有文献总结的其他综合收益的特征主要有三点：一是形成其他综合收益的各项利得和损失与企业的日常经营活动无关；二是其他综合收益属于潜在的、尚未实现的利得和损失；三是其他综合收益是由企业与非所有者之间的交易产生。

所谓特征，应该是某客体区别于其他客体所特有的属性。对于以上三点，第一，计入利润表的相关利得或损失项目，就是我们一般所称谓的营业外收支项目、投资收益、公允价值变动损益和资产减值损失，也是由非日常活动所形成的。因此，与企业日常经营活动相关与否并不是其他综合收益所特有的属性。第二，以实现与否作为区别利润表项目和其他综合收益项目的说法也存在漏洞。不仅是其他综合收益项目，对于权益法核算下的长期股权投资所确认的投资收益、交易性金融资产确认的公允价值变动损益等都属于尚未实现的损益，所以未实现也并非其他综合收益的特征。第三，利润表中的项目也是由企业与非所有者之间的交易或事项产生，而并非其他综合收益所特有。可以说，如上三点"特征"只能是其他综合收益的一种外在表现或结果，并不是对其本质的描述。

2.3.3　利润表主要项目说明

（1）"研发费用"项目。

该项目反映企业进行研究与开发过程中发生的费用化支出，以及计入管理费用的自行开发无形资产的摊销。该项目应根据"管理费用"科目下的"研究费用"明细科目的发生额，以及"管理费用"科目下的"无形资产摊销"明细科目的发生额分析填列。

（2）"财务费用"项目。

该项目下的"利息费用"项目，反映企业为筹集生产经营所需资金等而发生的应予费用化的利息支出。该项目应根据"财务费用"科目的相关明细科目的发生额分析填列。"财务费用"项目下的"利息收入"项目，反映企业按照相关会计准则确认的应冲减财务费用的利息收入。

【问题】

为什么要有此规定？这样的规定能产生实际效果吗？如何规避？

可计提资产减值项目有应收账款、其他应收款、存货、贷款、可供出售金融资产、长期股权投资、固定资产、无形资产、在建工程、生产性生物资产、递延所得税资产等。具体准则规定如表 2 - 7 所示。

有商誉减值准备吗？没有，直接冲减资产组或资产组组合的成本！理解商誉的减值对于理解商誉的本质、会计处理很是重要。

在《CAS8 - 资产减值》中，采用了"迹象"减值逻辑。即通过所列举的七种可能发生减值的迹象，通过估计其可收回金额，来判断资产是否可能发生减值。

这七种情况有：①市价大幅下跌；②企业经营环境以及市场发生重大变化；③市场利率或者其他市场投资报酬率影响折现率；④资产陈旧过时或者已经损坏；⑤资产闲置、终止使用或者计划提前处置；⑥资产经济绩效低于预期等；⑦其他迹象。

会计准则中，对资产减值准备相应的规定如表 2 - 7 所示。

（3）"其他收益"项目。

该项目反映计入其他收益的政府补助，以及其他与日常活动相关且计入其他收益的项目。该项目应根据"其他收益"科目的发生额分析填列。企业作为个人所得税的扣缴义务人，根据《中华人民共和国个人所得税法》收到的扣缴税款手续费，应作为其他与日常活动相关的收益在该项目中填列。

表 2 - 7　可计提减值准备的资产及其规定

准则	减值项目	测试条件	是否允许转回
CAS8 - 资产减值	投资性房地产 （成本模式）	CAS3 第 9 条：企业应当在资产负债表日采用成本模式对投资性房地产进行后续计量，但本准则第十条规定（FV 模式）的除外；采用成本模式计量的建筑物的后续计量，适用 CAS4 - 固定资产（CAS3）	资产减值损失一经确认，以后期间不允许转回
	长期股权投资	投资方与被投资单位发生的未实现内部交易损失，按照《CAS8 - 资产减值》等有关规定属于资产减值损失的，应当全额确认（CAS2）	
	固定资产 在建工程 工程物资	固定资产的减值，应当按照《CAS8 - 资产减值》处理（CAS4 - 固定资产）	
	生产性生物资产 （经济林、薪炭 林、产役畜等）	至少应当于每年年度终了对消耗性生物资产和生产性生物资产进行检查，有确凿证据表明由于遭受自然灾害、病虫害、动物疫病侵袭或市场需求变化等原因，使消耗性生物资产的可变现净值或生产性生物资产的可收回金额低于其账面价值的，应当按照差额，计提准备，并计入当期损益（CAS5 第 21 条）	
	油气资产	探明矿区权益 + 井及相关设施：企业对于探明矿区权益的减值，按照《CAS8 - 资产减值》处理（CAS27 - 石油天然气开采）	
	无形资产 （包括资本化的 开发支出）	无形资产的减值，应当按照《CAS8 - 资产减值》处理 企业应当在每个会计期间对使用寿命不确定的无形资产的使用寿命进行复核。如果有证据表明无形资产的使用寿命是有限的，应当估计其使用寿命，并按本准则规定处理（CAS6）	
	商誉	CAS8 - 第 23 条：企业合并所形成的商誉，至少应当在每年年度终了进行减值测试。商誉应当结合与其相关的资产组或者资产组组合进行减值测试 CAS8 - 第 24 条：企业进行资产减值测试，对于因企业合并形成的商誉的账面价值，应当自购买日起按照合理的方法分摊至相关的资产组或资产组组合	
	CAS21 - 租赁 使用权资产/ 经营租赁资产	承租人或出租人应当按照《CAS8 - 资产减值》的规定，确定使用权资产或经营租赁资产是否发生减值，并对已识别的减值损失进行会计处理	

续表

准则	减值项目	测试条件	是否允许转回
CAS1 – 存货		资产负债表日，存货应当按照成本与可变现净值孰低计量。可变现净值，应当以取得的确凿证据为基础，并且考虑持有存货的目的、资产负债表日后事项的影响等因素	资产减值的影响因素已经消失的，减记金额应当予以恢复，并在原已计提的跌价准备金额内转回，转回的金额计入当期损益
CAS5 – 生物资产	消耗性生物资产	消耗性生物资产指生长中的大田作物、蔬菜、用材林以及存栏待售的牲畜等 同生产性生物资产，但消耗性生物资产的减值在影响因素消失后，减计金额可以恢复转回	
CAS3 – 投资性房地产	公允价值模式	以资产负债表日公允价值为基础调整其账面价值，公允价值与原账面价值之间的差额计入当期损益	不适用
CAS17 – 收入	与合同成本有关的资产	原《CAS15 – 建造合同》因《CAS17 – 收入》（2017）失效	可转回
CAS18 – 所得税	递延所得税资产	CAS18 第 20 条：资产负债表日，企业应当对递延所得税资产的账面价值进行复核。如果未来期间很可能无法获得足够的应纳税所得额用以抵扣递延所得税资产的利益，应当减记递延所得税资产的账面价值	在很可能获得足够的应纳税所得额时，减记的金额应当转回
CAS21 – 租赁	出租人未担保余值的减值	《CAS21 – 租赁》（2018）取消此情况	不适用
CAS22 – 金融工具确认和计量	金融资产	《CAS22 – 金融工具的确认和计量》（2017） 以预期信用损失为基础，对下列项目进行减值会计处理并确认损失准备： （1）AMC；FVOCI （2）租赁应收款 （3）合同资产 （4）贷款承诺和财务担保合同 预期信用损失*，是指以发生违约的风险为权重的金融工具信用损失的加权平均值	
CAS27 – 石油天然气开采	未探明石油天然气矿区权益	企业对于未探明矿区权益，应当至少每年进行一次减值测试 未探明矿区权益公允价值低于账面价值的差额，应当确认为减值损失，计入当期损益。未探明矿区权益减值损失一经确认，不得转回	不得转回

政府补助是指企业从政府无偿取得的货币性资产和非货币性资产，不包括政府作为所有者投入的资本。政府补助分为与资产相关的政府补助和与收益相关的政府补助。

根据《CAS16－政府补助》的规定，将企业所取得的用于购建或以其他方式形成长期资产的政府补助界定为与资产相关的政府补助；其余政府补助界定为与收益相关的政府补助。若政府文件未明确规定补助对象，则采用以下方式将补助款划分为与收益相关的政府补助和与资产相关的政府补助：

1）政府文件明确了补助所针对的特定项目的，根据该特定项目的预算中将形成资产的支出金额和计入费用的支出金额的相对比例进行划分，对该划分比例需在每个资产负债表日进行复核，必要时进行变更。

2）政府文件中对用途仅作一般性表述，没有指名特定项目的，作为与收益相关的政府补助。

与资产相关的政府补助，取得时确认为递延收益，自相关资产达到预定可使用状态时，在该资产使用寿命内按照合理、系统的方法分期计入损益。相关资产在使用寿命结束前被出售、转让、报废或发生毁损的，将尚未分配的相关递延收益余额转入资产处置当期的损益。

与收益相关的政府补助，用于补偿以后期间的相关成本费用或损失的，取得时确认为递延收益，在确认相关成本费用或损失的期间计入当期损益；用于补偿已发生的相关成本费用或损失的，取得时直接计入当期损益。

与日常活动相关的政府补助，计入其他收益；与日常活动无关的政府补助，计入营业外收支。

【问题】

政府补助项目，都在报表中的哪些项目得到反映？或者说，想要知道一家公司获得了或者应该获得多少政府补助，需要关注哪些项目？

回答上述问题，请参照图2－5。

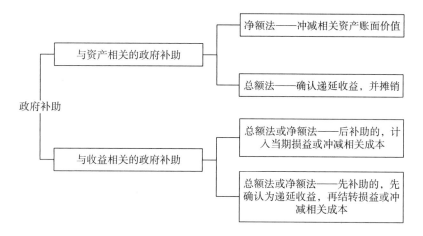

图 2 – 5（1）　政府补助准则核算要点

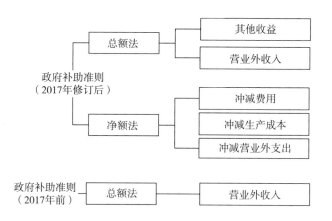

图 2 – 5（2）　政府补助核算方法与报表项目

（4）"以摊余成本计量的金融资产终止确认收益"项目。

该项目反映企业因转让等情形导致终止确认以摊余成本计量的金融资产而产生的利得或损失。

（5）"净敞口套期收益"项目。

该项目反映净敞口套期下被套期项目累计公允价值变动转入当期损益的金额

或现金流量套期储备转入当期损益的金额。

（6）"信用减值损失"项目。

该项目反映企业按照《CAS22 - 金融工具确认和计量》（财会〔2017〕7号）的要求计提的各项金融工具信用减值准备所确认的信用损失。

（7）"资产减值损失"项目。

资产减值损失（Asset Impairment Loss）是指因资产的账面价值高于其可收回金额而造成的损失。《CAS8 - 资产减值》准则规定"资产减值损失一经确认，在以后会计期间不得转回"。

（8）"资产处置收益"项目。

该项目包含四方面的内容：

1）出售划分为持有待售的非流动资产（金融工具、长期股权投资和投资性房地产除外）或处置组（子公司和业务除外）时确认的处置利得或损失。

2）处置未划分为持有待售的四项非流动资产（固定资产、在建工程、生产性生物资产及无形资产）而产生的处置利得或损失。

3）债务重组中因处置非流动资产（金融工具、长期股权投资和投资性房地产除外）产生的利得或损失。

4）非货币性资产交换中换出非流动资产（金融工具、长期股权投资和投资性房地产除外）产生的利得或损失。

【思考】

比较资产处置收益科目的核算内容，并与营业外收入项目比较，理解营业利润中营业的含义，并思考利润表有没有进一步完善的空间。

（9）"营业外收入"项目。

该项目反映企业发生的除营业利润以外的收益，主要包括与企业日常活动无关的政府补助、盘盈利得、捐赠利得（企业接受股东或股东的子公司直接或间接的捐赠，经济实质属于股东对企业的资本性投入的除外）等。

（10）"营业外支出"项目。

该项目反映企业发生的除营业利润以外的支出，主要包括公益性捐赠支出、非常损失、盘亏损失、非流动资产毁损报废损失等。该项目应根据"营业外支出"科目的发生额分析填列。"非流动资产毁损报废损失"通常包括因自然灾害发生毁损、已丧失使用功能等原因而报废清理产生的损失。企业在不同交易中形成的非流动资产毁损报废利得和损失不得相互抵销，应分别在"营业外收入"项目和"营业外支出"项目进行填列。

2.3.4 利润表的阅读重点

一般来说，在对利润表进行阅读分析时，需要关注以下几方面：

（1）本期项目与上期项目的绝对数、相对数比较；

（2）各项目的构成比较，即报表项目结构的内在关系揭示；

（3）对报表项目进行表注结合的详细分析；

（4）各种有意义的比率计算与比较。

重要的利润表项目在财务报表附注中都有具体内容，这是阅读财务报表时应该注意之处，非此难以真正读懂利润表。

2.3.5 扣除非经常性损益净利润

非经常性损益是指与公司正常经营业务无直接关系，以及虽与正常经营业务相关，但由于其性质特殊和偶发性，影响报表使用人对公司经营业绩和盈利能力做出正常判断的各项交易和事项产生的损益。

1999 年 12 月证监会首次要求上市公司在年报中披露扣除非经常性损益的净利润，并列举了 4 项非经常性损益：①资产处置损益；②临时性获得的补贴收入；③新股申购冻结资金利息；④合并价差摊入。其后，非经常性损益的内容经历了 4 次修订，至 2008 年非经常性损益内容被扩展至 21 项之多。

依据规定①，非经常性损益通常包括以下项目：

（1）非流动性资产处置损益，包括已计提资产减值准备的冲销部分；

（2）越权审批，或无正式批准文件，或偶发性的税收返还、减免；

（3）计入当期损益的政府补助，但与公司正常经营业务密切相关，符合国家政策规定、按照一定标准定额或定量持续享受的政府补助除外；

（4）计入当期损益的对非金融企业收取的资金占用费；

（5）企业取得子公司、联营企业及合营企业的投资成本小于取得投资时应享有被投资单位可辨认净资产公允价值产生的收益；

（6）非货币性资产交换损益；

（7）委托他人投资或管理资产的损益；

（8）因不可抗力因素，如遭受自然灾害而计提的各项资产减值准备；

（9）债务重组损益；

（10）企业重组费用，如安置职工的支出、整合费用等；

（11）交易价格显失公允的交易产生的超过公允价值部分的损益；

（12）同一控制下企业合并产生的子公司期初至合并日的当期净损益；

（13）与公司正常经营业务无关的或有事项产生的损益；

（14）除同公司正常经营业务相关的有效套期保值业务外，持有交易性金融资产、交易性金融负债产生的公允价值变动损益，以及处置交易性金融资产、交易性金融负债和可供出售金融资产取得的投资收益；

（15）单独进行减值测试的应收款项减值准备转回；

（16）对外委托贷款取得的损益；

（17）采用公允价值模式进行后续计量的投资性房地产公允价值变动产生的损益；

---

① 公开发行证券的公司信息披露解释性公告第 1 号——非经常性损益（证监会公告〔2008〕43 号）。

（18）根据税收、会计等法律法规的要求对当期损益进行一次性调整对当期损益的影响；

（19）受托经营取得的托管费收入；

（20）除上述各项之外的其他营业外收入和支出；

（21）其他符合非经常性损益定义的损益项目。

与此同时，我国利润表的列报方式也在不断调整（见表2－4）。2006年之后，营业利润之外的项目（有的学者也称之为"线下项目"）仅有"营业外收入"和"营业外支出"两个项目，到2019年，包含在营业利润中的利得（损失）（即"线上项目"）共计7项。关于非经常性损益的具体规则变迁如表2－8所示。

表2－8　非经常性损益的具体规则变迁

	2007年之前			2007年之后		2019年
	1999年	2001年	2004年	2007年	2008年	
监管规则	首次提出概念，列举4项内容	列举了明确的6项和可能的4项内容	列举了14项	列举15项	列举21项（其中5项与投资收益有关）	列举21项（其中5项与投资收益有关）
报表列报	线上项目：无	线上项目：无	线上项目：管理费用	线上项目：资产减值损失	线上项目：公允价值变动损益、资产减值损失、投资收益	线上项目：7项利得（损失）项目
	线下项目：投资收益、补贴收入、营业外收支	线下项目：投资收益、补贴收入、营业外收支	线下项目：投资收益、补贴收入、营业外收支	线下项目：营业外收支	线下项目：营业外收支	线下项目：营业外收支

具体来说，2006年版的准则改动之前，非经常性损益集中体现在利润表的"营业利润"下方，通常也称为"线下项目"，以区别于企业正常经营产生的利

润。在一系列制度背景变迁之后，非经常性损益零散分布在利润表的 7 + 2 个项目之中，即"资产减值损失""信用减值损失""其他收益""投资收益""公允价值变动收益""净敞口套期收益""资产处置收益"和"营业外收入""营业外支出"（下文将后两者统称为"营业外收支"）。其中，"公允价值变动收益""资产减值损失""营业外收支"是完全意义上的非经常性损益，而"投资收益"既包含非经常性损益，也包含经常性损益，且"投资收益"由"线下项目"转为"线上项目"，变成"营业利润"的组成部分。

2.4　现金流量表

2.4.1　现金流量表概述

现金流量表是指反映企业在一定会计期间现金和现金等价物流入和流出的报表[①]。具体来说，现金流量表是综合反映会计主体某一时期经营活动、投资活动、筹资活动和汇率变动对现金及现金等价物产生影响的会计报表。

（1）现金流量表的编制基础。

除现金流量表按照收付实现制原则编制外，企业应当按照权责发生制原则编制财务报表。

（2）现金及现金等价物的概念。

现金流量表中的现金特指现金及现金等价物。其中，现金是指企业库存现金以及可以随时用于支付的存款。现金等价物是指企业持有的期限短、流动性强、易于转换为已知金额现金、价值变动风险很小的投资。

---

① 《CAS31——现金流量表》。

现金及现金等价物与货币资金的关系如下式所示：

现金及现金等价物 = 货币资金 − 使用受到限制的存款 − 不属于现金及现金等价物范畴的定期存款 + 其他现金等价物

【问题】

现金和现金等价物的构成是什么呢？它和货币资金是什么关系？

【引例】

（1）格力电器现金及现金等价物的构成，如表 2 − 9 所示。

表 2 − 9　格力电器的现金和现金等价物　　　　单位：元

项目	2018 年 12 月 31 日	2018 年 1 月 1 日
一、现金	28,772,120,824.34	21,359,616,223.94
其中:库存现金	1,678,449.67	3,058,609.51
可随时用于支付的银行存款	7,623,570,836.65	1,510,808,232.57
可随时用于支付的其他货币资金	647,967,329.10	17,111,717.70
可用于支付的存放中央银行款项	2,094,863.38	1,998,257.83
存放同业款项	20,496,809,345.54	19,826,639,406.33
二、现金等价物		
其中:三个月内到期的债券投资		
三、期末现金及现金等价物余额	28,772,120,824.34	21,359,616,223.94

（2）格力电器货币资金与现金及现金等价物的调节，如表 2 − 10 所示。

表 2 − 10　格力电器货币资金与现金及现金等价物的调节　　　单位：元

项目	2018 年 12 月 31 日	2018 年 1 月 1 日
货币资金	113,079,030,368.11	99,610,976,256.82
减:使用受到限制的存款	6,005,776,370.05	11,555,319,700.43
其中:法定存款准备金	3,045,424,177.23	2,940,965,476.85
票据、信用证等保证金	2,960,352,192.82	8,614,354,223.58
减:不属于现金及现金等价物范畴的定期存款	78,301,133,173.72	66,696,040,332.45
加:其他现金等价物		
期末现金及现金等价物余额	28,772,120,824.34	21,359,616,223.94

【问题】

现金等价物包括交易性金融资产吗？为什么对现金等价物的定义中要具有易转换为已知金额和价值变动风险小的特点？

（3）现金流量的分类。

现金流量表应当分别列报经营活动、投资活动和筹资活动的现金流量。

投资活动是指企业长期资产的购建和不包括在现金等价物范围的投资及其处置活动；筹资活动是指导致企业资本及债务规模和构成发生变化的活动；经营活动是指企业投资活动和筹资活动以外的所有交易和事项。

有人对这三类活动的结果进行了总结。一般来说，投资活动形成了资产负债表中的资产（报表左边项目）增加；筹资活动形成了负债和所有者权益（报表右边项目）的增加；经营活动则带来了利润表项目的变化。当然，也有例外，比如融资租入的固定资产，属于不涉及现金收支的筹资活动，但同时，也属于一种固定资产构建的投资活动。

分析现金流量表，首先要知道它的内容和结构，内容包括知道现金流的来源和去向，以及本期现金净流量；其次需要分析企业现金流量的影响因素，进而进行增减变动和结构变动分析；最后需要对现金流量表具体项目进行分析，这需要结合报表附注。

【讨论】

利润表中营业利润项目中的"营业"与现金流量表中的"经营活动"一致吗？

【问题】

经营活动中，权责发生制与收付实现制的关系是什么样的？

权责发生制下的收入、费用与收付实现制下的经营活动现金流入和经营活动现金流出，其关系如图 2－6 所示。

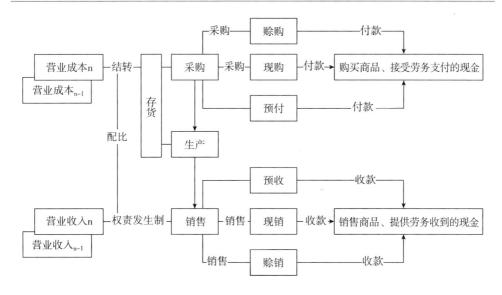

图 2 - 6　营业收入/成本与购销现金流的关系

2.4.2　现金流量表的格式

许多企业破产倒闭，不是因为亏损，而是因为没有了现金流。现金流可比作是企业的"血液"，因此，就有了"现金为王"的说法。

2006 年版准则颁布以后，现金流量表除一些适当的简化外，基本上与以前的形式一致。另外，从 2006 年以后，原来以现金流量表附表形式反映的补充内容改为在现金流量表的附注中反映。

从下表可以看出，现金流量表是按照如下公式展开的：

Δ 现金及现金等价物 = 现金及现金等价物净增加额

= 经营活动现金净流量 + 投资活动现金净流量 +

筹资活动现金净流量 + 汇率变动净影响额

这里，符号"Δ"指资产负债表项目的期末数与期初数的差值，即期末数 - 期初数。

现金流量表格式如表 2 - 11 所示。

表 2－11　现金流量表　　　　　　　　　　会企 03 表

编制单位：　　　　　　　　　年　月　　　　　　　　单位：元

项目	本期金额	上期金额
一、经营活动产生的现金流量		
销售商品、提供劳务收到的现金		
收到的税费返还		
收到其他与经营活动有关的现金		
经营活动现金流入小计		
购买商品、接受劳务支付的现金		
支付给职工以及为职工支付的现金		
支付的各项税费		
支付其他与经营活动有关的现金		
经营活动现金流出小计		
经营活动产生的现金流量净额		
二、投资活动产生的现金流量		
收回投资收到的现金		
取得投资收益收到的现金		
处置固定资产、无形资产和其他长期资产收回的现金净额		
处置子公司及其他营业单位收到的现金净额		
收到其他与投资活动有关的现金		
投资活动现金流入小计		
购建固定资产、无形资产和其他长期资产支付的现金		
投资支付的现金		
取得子公司及其他营业单位支付的现金净额		
支付其他与投资活动有关的现金		
投资活动现金流出小计		
投资活动产生的现金流量净额		
三、筹资活动产生的现金流量		
吸收投资收到的现金		
取得借款收到的现金		
收到其他与筹资活动有关的现金		
筹资活动现金流入小计		
偿还债务支付的现金		

续表

项目	本期金额	上期金额
分配股利、利润或偿付利息支付的现金		
支付其他与筹资活动有关的现金		
筹资活动现金流出小计		
筹资活动产生的现金流量净额		
四、汇率变动对现金及现金等价物的影响		
五、现金及现金等价物净增加额		
加：期初现金及现金等价物余额		
六、期末现金及现金等价物余额		

　　根据《CAS30 - 财务报表列报》，应在报表附注中反映现金流量表的如下相关信息，最重要的是将净利润调节为经营活动现金流量，具体如表 2 - 12 所示。

表 2 - 12　净利润与经营活动现金净流量调节

项目	本期金额	上期金额
1. 净利润		
加：资产减值准备		
固定资产折旧、油气资产折耗、生产性生物资产折旧		
无形资产摊销		
长期待摊费用的摊销		
处置固定资产、无形资产和其他长期资产的损失		
固定资产报废损失		
公允价值变动损失		
财务费用		
投资损失		
递延所得税资产的减少		
递延所得税负债的增加		
存货的减少		
经营性应收项目的减少		
经营性应付项目的增加		
其他		
经营活动产生的现金流量净额		
2. 不涉及现金收支的重大投资和筹资活动		
债务转为资本		

续表

项目	本期金额	上期金额
一年内到期的可转换公司债券		
融资租入固定资产		
3. 现金及现金等价物净变动情况		
现金的期末余额		
减：现金的期初余额		
加：现金等价物的期末余额		
减：现金等价物的期初余额		
现金及现金等价物净增加额		

【拓展阅读】

盈余管理是中国资本市场的一种普遍现象，中国学者一般借鉴西方常用的操纵性应计利润模型来研究中国的盈余管理问题。

操纵性应计利润法的核心思想认为，企业报告收益由两部分组成：经营现金流量和应计利润。经营现金流量对应于现金的变化，与会计核算方法选择关系不大或无关，而应计利润内生于会计的权责发生制，管理人员对之有较大的操纵空间，因此操纵性应计利润法的目的是从应计利润总额中分离出可操纵性成分，作为衡量盈余管理的指标。

众多的操纵性应计利润模型可分为四类：

（1）传统的琼斯类模型。这一类模型的基本思想认为非操纵性应计利润主要受两个因素影响——销售收入变动和固定资产水平，主张通过回归方法来分离总应计利润中的操纵性成分，具体包括基本琼斯模型、修正琼斯模型等。

随着收入的增加和固定资产规模的扩大，相应的应收、应付项目及其折旧额等应计利润项目便会自然增加，因此，非操纵性应计利润是公司营业收入增加额和固定资产规模的函数，预计期实际应计利润总额与非操纵性应计利润的差额才是操纵性应计利润额。

（2）扩展的琼斯类模型。该类模型的提出者认为传统的琼斯模型忽略了许多与盈余管理无关，但会影响正常应计利润水平的其他变量，会导致计量偏差，主张把其他控制变量引入传统的琼斯模型，从而形成无形资产琼斯模型、现金流量琼斯模型、前瞻性修正琼斯模型和收益匹配琼斯模型等。

（3）非线性的琼斯模型。这类模型的提出者认为会计谨慎性对于利得和损失确认的不对称性，导致应计利润和企业业绩之间存在非线性相关性，而传统以及扩展的琼斯模型均采取的是线性形式，会引起计量偏差。主张把非线性关系引入传统及扩展的琼斯模型，形成非线性琼斯模型、非线性修正的琼斯模型等。

（4）非琼斯类模型。文献中虽然以琼斯模型及其扩展模型为主体，但是有些研究者提出其他一些计量方法，主要包括 Healy 模型、DeAngelo 模型和 KS 模型。

琼斯模型：

$$TA_{it}/A_{it-1} = \alpha_i \left[1/A_{it-1} \right] + \beta 1_i \left[\Delta REV_{it}/A_{it-1} \right] + \beta 2_i \left[PPE_{it}/A_{it-1} \right] + \xi_{it};$$

或

$$NDA_{it}/A_{it-1} = \alpha_i \left[1/A_{it-1} \right] + \beta 1_i \left[\Delta REV_{it}/A_{it-1} \right] + \beta 2_i \left[PPE_{it}/A_{it-1} \right]$$

其中，

TA_{it} = i 公司第 t 年的应计利润总额；

TA_{it-1} = i 公司第 t−1 年的应计利润总额；

ΔREV_{it} = i 公司第 t 年的营业收入变动额；

PPE_{it} = i 公司第 t 年的固定资产；

NDA_{it} = i 公司第 t 年的非操纵性应计利润额；

A_{it-1} = i 公司第 t−1 年的资产总额。

修正的琼斯模型：

$$NDA_{it}/A_{it-1} = \alpha_i \left[1/A_{it-1} \right] + \beta 1_i \left[\Delta REV_{it}/A_{it-1} - \Delta REC_{it}/A_{it-1} \right] + \beta 2_i \left[PPE_{it}/A_{it-1} \right]$$

扩展的琼斯模型：

$$NDA_{it}/A_{it-1} = \alpha_i[1/A_{it-1}] + \beta1_i[\Delta REV_{it}/A_{it-1} - \Delta REC_{it}/A_{it-1}] + \beta2_i[FA_{it}/A_{it-1}] + \beta3_i[IA_{it}/A_{it-1}]①$$

【问题】

不涉及现金收支的重大投资和筹资活动除了表内的三项之外，还有其他的事项吗？请列举。

经营性应收项目和经营性应付项目具体指什么？

【举例】

格力电器（000651）在2018年年度报告中，在报表附注中对现金流量表的补充如表2-13所示：

表2-13　格力电器2018年现金流量调节表

项目	2018年度	2017年度
1.将净利润调节为经营活动现金流量：		
净利润	26,379,029,817.06	22,507,506,840.41
加：资产减值准备	261,674,177.33	264,786,959.82
固定资产折旧、油气资产折耗、生产性生物资产折旧	2,859,799,547.55	1,947,939,761.97
无形资产摊销	249,550,269.72	84,703,931.72
长期待摊费用摊销	979,454.55	355,828.90
处置固定资产、无形资产和其他长期资产的损失	-636,629.29	1,022,346.31
固定资产报废损失（收益以"-"号填列）	23,701,564.64	7,440,716.00
公允价值变动损失（收益以"-"号填列）	-46,257,424.83	-9,212,503.59
财务费用（收益以"-"号填列）	-1,112,658,684.94	1,532,766,275.29
投资损失（收益以"-"号填列）	-106,768,935.01	-396,648,138.32
递延所得税资产减少（增加以"-"号填列）	-472,601,783.52	-1,155,761,894.91
递延所得税负债增加（减少以"-"号填列）	115,790,793.93	128,934,696.45
递延收益的摊销	-41,447,880.48	-138,721,557.03
存货的减少（增加以"-"号填列）	-3,003,461,176.91	-7,583,437,385.83
经营性应收项目的减少（增加以"-"号填列）	-10,631,225,706.46	-7,864,170,234.42
经营性应付项目的增加（减少以"-"号填列）	6,728,841,135.00	9,710,075,219.29
其他	5,736,483,004.64	-2,699,498,087.81

---

①　陆建桥.中国亏损上市公司盈余管理实证研究[J].会计研究，1999（9）：25-35.

续表

项目	2018 年	2017 年
经营活动产生的现金流量净额	26,940,791,542.98	16,338,082,774.25
2. 不涉及现金收支的重大投资和筹资活动		
债务转为资本		
一年内到期的可转换公司债券		
融资租入固定资产		
3. 现金及现金等价物净变动情况		
现金的期末余额	28,772,120,824.34	21,359,616,223.94
减：现金的期初余额	21,359,616,223.94	71,321,360,022.83
加：现金等价物的期末余额		
减：现金等价物的期初余额		
现金及现金等价物净增加额	7,412,504,600.40	−49,961,743,798.89

【小测试】

请回答格力电器的货币资金规模（合并数）有多大？（　　　）

A. 千亿　　　　　　B. 百亿

在知道答案后，可以继续寻找格力电器的营业收入合并数、资产数等。

建议再关注我国 GDP 和财政收入的规模；再用您感兴趣的一个省份去和格力比较一下，以获得对报表数字的"感觉"。如果和宁夏相比呢？

2.4.3　现金流量表的理论依据

（1）综合会计等式——对会计等式的拓展。

迄今为止，在许多初级会计学教材中还存在着这样"所谓的"会计等式："资产 = 负债 + 所有者权益 + （收入 − 费用）"或"资产 + 费用 = 负债 + 所有者权益 + 收入"。这个等式的荒谬之处在于：首先，既然会计基本等式"资产 = 负债 + 所有者权益"是恒等式，那么在等式右边加上利润或者在等式两边加上收入、费用，则必然会得出"收入 = 费用"或者"利润 = 0"这样的结果，因此，这个所谓的会计等式存在着明显的内在逻辑缺陷。

其次，在《企业会计准则——基本准则》"收入"一章中，收入/费用是指企业在日常活动中形成的、会导致所有者权益增加/减少的、与所有者投入资本无关的经济利益的总流入/总流出。也就是说，基本准则中所定义的收入/费用是日常活动形成的结果，是狭义的收入/费用概念。因此，如果将利润表的理论依据认定为是"利润＝收入－费用"，很显然是排除了利得/损失这些非日常活动项目在利润表中的存在，就显得前后不一，不够严谨。基于上述分析，在考虑了其他综合收益科目后，结合资产负债表静态和利润表动态要素后的综合会计等式又该如何表达呢？

我们不妨从资产负债表出发，根据会计恒等式：资产＝负债＋所有者权益，在会计期末有：资产$_{期末数}$＝负债$_{期末数}$＋（所有者权益$_{期初数}$＋Δ所有者权益），Δ指当期的变动额。根据新修订的《CAS30－财务报表列报》，将所有者权益项目的本期变动按其构成项目展开，则有：资产$_{期末数}$＝负债$_{期末数}$＋（所有者权益$_{期初数}$＋Δ资本投入＋Δ资本公积＋Δ其他综合收益＋Δ留存收益）。

由于Δ留存收益＝净利润－向投资者分配现金股利，则有：

资产$_{期末数}$＝负债$_{期末数}$＋（所有者权益$_{期初数}$＋Δ资本投入＋Δ资本公积＋Δ其他综合收益＋净利润－向投资者分配股利）

该式中，可将资本投入和资本公积统称为投资者投入。因此，可表示为综合会计等式（一），此公式便是综合了资产负债表静态要素和利润表动态要素后的会计恒等式，本文称之为综合会计等式。

资产$_{期末数}$＝负债$_{期末数}$＋（所有者权益$_{期初数}$＋Δ投资者投入－Δ向投资者分配股利＋Δ其他综合收益）＋净利润。 （一）

按照收入、费用和直接计入当期损益的利得和损失将净利润展开，则有综合会计等式（二）：

资产$_{期末数}$＝负债$_{期末数}$＋（所有者权益$_{期初数}$＋Δ投资者投入－Δ向投资者分配股利＋Δ其他综合收益）＋（收入－费用＋利得－损失）。 （二）

可以看出，综合会计等式体现了资产负债表观的基本观点。可将上述综合会计等式（一）变形为：Δ 所有者权益 = Δ 投资者投入 − Δ 向投资者分配股利 + Δ 其他综合收益 + 净利润。可以看出，当不存在投资者投入和向投资分配股利的情况下，当期综合收益应等于所有者权益的变化值，这样就可理解在利润表后加入属于资产负债表静态要素的其他综合收益的当期变动金额，就是要反映出当期总体经营成果，即全面反映所有者权益在当期发生变动金额的构成，以体现资产负债表观。

【讨论】

从图 2 - 4 来看，为什么利润表不被称为综合收益表？其他综合收益是利润表项目还是资产负债表项目？

综合会计等式既包含了资产负债表要素，又包含了利润表要素，清晰地反映出资产负债表和利润表的理论依据，更重要的是，该等式从数学上阐述了资产负债表观，很清楚地展现了资产负债表和利润表之间的逻辑关系。综合会计等式（一）和（二），已经非常透彻地显示了其他综合收益与利润表的关系。

利润表的理论依据并不因在其后新增了其他综合收益和综合收益项目而变为"综合收益 = 净利润 + 其他综合收益"。另外，考虑到直接计入当期损益的利得/损失项目与收入/费用项目的平等性，利润表的理论依据不应再表示为"利润 = 收入 − 费用"，而应该是"利润 = （收入 − 费用） + （利得 − 损失）"。

（2）公式展现的现金流量表。

根据前述的综合会计等式（二）和如下的现金流量表公式：

$$\Delta CASH = \Delta 负债 + \Delta 投资者投入 − \Delta 向投资者分配股利 + \Delta 其他综合收益 +$$
$$（收入 − 费用 + 利得 − 损失） − （\Delta NCCA + \Delta NCA）$$

推导出如下公式：

$$\Delta 资产 = \Delta 负债 + \Delta 投资者投入 − \Delta 向投资者分配股利 + \Delta 其他综合收益 +$$
$$（收入 − 费用 + 利得 − 损失）$$

$\Delta CASH = (\Delta CL - \Delta NCCA) + (\Delta NCL - \Delta NCA + \Delta$ 投资者投入 $-\Delta$ 向投资者分配股利 $+\Delta$ 其他综合收益$) + ($收入 $-$ 费用 $+$ 利得 $-$ 损失$)$

式中，CASH——现金及现金价物；CL——流动负债；NCL——非流动负债；NCA——非流动资产；NCCA——非现金非流动资产。

随后，按照经营、投资和筹资三类活动，对上述项目按照流动和非流动项目进行分类，为了增强可视性，以下表来表示。其中，对不涉及现金收支的投资与筹资活动所影响的报表项目在表 2 - 14 中以黑体标识。

根据利润表项目，可以将上述公式具体分解为报表项目，如表 2 - 14 所示。

表 2 - 14　现金流量表的原理

	Δ（负债 + 权益）	$-\Delta$ 非现金资产
	Δ 衍生金融负债 Δ 持有待售负债	$-\Delta$ 交易性金融资产 $-\Delta$ 衍生金融资产 $-\Delta$ 持有待售资产 $-\Delta$ 其他应收款（应收股利、利息部分）
投资 活动		$-\Delta$ 债权投资 $-\Delta$ 其他债权投资 $-\Delta$ 长期应收款 $-\Delta$ 长期股权投资 $-\Delta$ 其他权益工具投资 $-\Delta$ 其他非流动金融资产 $-\Delta$ 投资性房地产 $-\Delta$ 固定资产 $-\Delta$ 在建工程 $-\Delta$ 生产性生物资产 $-\Delta$ 油气资产 $-\Delta$ 无形资产 $-\Delta$ 开发支出 $-\Delta$ 商誉 $-\Delta$ 长期待摊费用 $-\Delta$ 递延所得税资产

	Δ（负债＋权益）	－Δ 非现金资产
筹资 活动	Δ 短期借款 Δ 交易性金融负债 Δ 其他应付款（应付股利、利息部分） Δ 长期借款 Δ 应付债券 **Δ 长期应付款** **Δ 预计负债** Δ 递延收益 **Δ 递延所得税负债** Δ 实收资本 Δ 其他权益工具 Δ 资本公积 Δ 库存股 **Δ 其他综合收益**	
经营 活动	Δ 应付票据及应付账款 **Δ 合同负债** Δ 预收款项 Δ 其他应付款（扣除应付股利、利息部分） Δ 应付职工薪酬 Δ 应交税费	－Δ 应收票据及应收账款 **－Δ 合同资产** －Δ 预付款项 －Δ 其他应收款（扣除应收股利、利息部分） －Δ 存货
利润表	营业收入 利得	营业成本 税金及附加 四项期间费用 损失

可以很明显地看到经营性应收和应付项目都有哪些。

2.4.4　如何阅读现金流量表

现金流很重要，但许多企业并不重视对现金流量表的编制与分析工作，将现金流量表的编制工作交予会计师事务所代为编制，更是缺少从分析中发现企业经营中存在的潜在风险。对现金流量表的阅读，应该从何着手呢？

（1）带着问题看报表。

➢企业的利润哪里去了？

➢为什么股利不能再多了？

➢发行债券所得资金哪里去了？

➢现金的增加是如何筹措的？

➢企业的债务是如何偿付的？

➢增发股票所得资金哪里去了？

➢为什么利润是亏损的，但现金还是增加了？

➢为什么亏损了还可以分发股利？

➢为什么企业有利润，但现金周转出现了困难？

➢企业出售固定资产的资金是如何处置的？

➢企业添置设备的资金从哪里来？

➢为什么企业的固定资产投资需要借钱支付？

……

受上述问题的启发，您还有什么新的问题呢？是技术层面的问题还是战略层面的问题？是共性问题还是个性问题？

（2）现金流量表阅读的基本内容。

对现金流量表进行阅读时，首先，应知晓其固定的内容和结构，清楚现金及现金等价物净增加额有多少，是如何变化的，然后再分别对经营活动现金流、投资活动现金流、筹资活动现金流以及汇率变动影响四个方面进行分析；其次，需要关注现金流变动的影响因素，进行结构和趋势变动的一般分析，经过这样的分析后，便可以分清主次；最后，结合其他财务报表和报表附注的分析，进行具体项目分析。现金流量表分析的基本内容如图 2-7 所示。

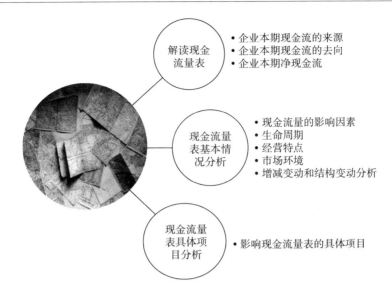

图 2 - 7　现金流量表分析的基本内容

（3）对现金流量表的进一步分析。

对现金流量表进一步分析有结构分析和趋势分析两种方法。结构分析具体有现金流量的总体结构和内部结构两部分。总体结构指现金流入/流出量占现金总流入/总流出量的比重。趋势分析就是以基年的现金流项目为100%，来计算随后年度的增长情况。

这里，结合其他财务报表及其附注，我们应该更加倚重现金流量表的具体项目分析。进行具体分析的前提就是需要对现金流量表内容及其结构了然于胸。

以经营活动中的两个主要现金流入与流出为例，其相关分析如表 2 - 15所示。

作为会计专业的学生，如果能够熟练掌握现金流量表的编制工作，知道其每一个项目的数据来源以及与其他财务报表的数据勾稽关系，那么，对现金流量表的分析便会胸有成竹。也就是说，知道"从哪里来"，才能够明白"到哪里去"。如果不熟悉现金流量表的编制，就有可能陷入孙悟空面对大大的芭蕉扇干着急而无处着手的尴尬之中。

表 2-15　现金流量表进一步分析要点

销售商品、提供劳务收到的现金	内容分析： 本期销售收到的现金 前期销售本期收到的现金 本期预收的款项 向购买者收取的增值税销项税额
	发生变动的可能原因： 销售策略变化 市场供求关系变化 信用政策变化 收款政策变化
购买商品、接受劳务支付的现金	内容分析： 本期支付的现金 本期支付前期的应付款 预付的购货款 支付的增值税进项税额
	变动原因分析： 存货需求变动 应付账款的增减变动

2.4.5　现金流量表主要项目说明

现金流量表主要由三大类活动带来的净现金流所构成，这三类活动中，最重要的是经营活动，而经营活动净现金流量有经营活动现金流入和经营活动现金流出。在构成经营活动现金流入的三个项目中，最重要的是"销售商品、提供劳务收到的现金"；构成经营活动现金流出的四个项目中，最重要的是"购买商品、接受劳务支付的现金"。那么，这两个项目和利润表中的营业收入、营业成本有什么关系呢？图 2-6 已经简要地对此关系进行了图示说明，下面从账户关系上进行说明，如图 2-8 所示。

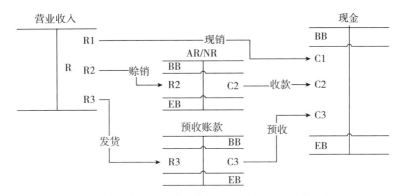

图 2-8　销售商品、提供劳务收到的现金与营业收入的关系

注：AR/NR（Accounts Receivable/Notes Receivable）；R（Revenue）；BB（Beginning Balance）；EB（Ending Balance）。

当然，"知其然，知其所以然"，是我们学习现金流量表，掌握现金流量表分析的基本态度。从多个角度认识现金流量表项目的填列，就成为会计专业学生的基本功。

对上述两个项目的填列，至少有如下两种方法：

方法一，账户分析法。

此法是从原理上来解释项目的填报方法，加深理解权责发生制与收付实现制的相互关系。

图 2-8 展示了营业收入与现金账户的关系。假定没有其他业务的影响，就会有：

$$C1 = R1$$

$$C2 = R2 - (EB - BB) = R2 - \Delta AR/NR = R2 - \Delta\ 应收账款/票据$$

$$C3 = (EB - BB) + R3 = R3 + \Delta\ 预收账款$$

最后可以得到：

$$销售商品、提供劳务收到的现金 = C1 + C2 + C3 = (R1 + R2 + R3) -$$

$$\Delta\ 应收账款/票据 + \Delta\ 预收账款$$

$$= 营业收入 - 应收账款/应收票据增加数 +$$

$$预收账款增加数$$

当然，还有更为简单的方法来进行快速地理解。

方法二，会计分录调整法。

如果销售业务全部为现销，就会有：

借：销售商品、提供劳务收到的现金

　　贷：营业收入

如果同时有赊销（应收账款增加记借方），还存在预收款（预收账款增加记贷方）销售业务，上述分录就会成为：

借：销售商品、提供劳务收到的现金

　　应收账款

　　应收票据

　　贷：营业收入

　　　　预收账款

从上述分录可以看出，销售商品、提供劳务收到的现金 = 营业收入 − 应收账款/应收票据增加数 + 预收账款增加数。

我们可以将上述较为理想的状况复杂一点，如果发生应收账款的坏账损失和债务重组事项或业务，公式会如何调整？

同理，对于"购买商品、接受劳务支付的现金"，你可以用类似的图示来表示吗？请参照图 2 − 9 理解。

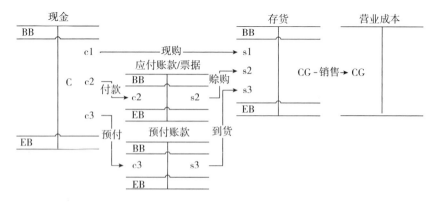

图 2 − 9　购买商品、接受劳务支付的现金与营业成本的关系

注：BB（Beginning Balance）；EB（Ending Balance）；CG（Costs of Goods Sold）。

2.5　所有者权益变动表

2.5.1　所有者权益变动表的主要内容

所有者权益变动表，是反映所有者权益（或股东权益）的组成及其变动情况的报表，如表 2 - 16 所示。通过该表，既可以为报表使用者提供所有者权益总量增减变动的信息，也能为其提供所有者权益增减变动的结构性信息，特别是能够让报表使用者理解所有者权益增减变动的原因。

2006 年版准则颁布以前，公司所有者权益变动情况是以利润表附表——利润分配表的形式予以体现的。2006 年版准则颁布后，要求上市公司正式对外呈报所有者权益变动表。所有者权益变动表成为与资产负债表、利润表和现金流量表并列披露的第四张财务报表。

从所有者权益变动表可知，在个别报表中，所有者权益的构成有 8 个项目，分别是实收资本（或股本）、其他权益工具、资本公积、库存股、其他综合收益、专项储备、盈余公积和未分配利润。这 8 个项目按照如下账户结构进行报表项目列示：

（1）上期期末所有者权益。

（2）本期期初所有者权益。

（3）本期增减变动数。

　　1）综合收益总额。

　　2）所有者投入和减少资本。

　　3）利润分配。

　　4）内部结转。

表 2 - 16　所有者权益变动表

会企 04 表

编制单位：　　　　　　　　　　　年度　　　　　　　　　　　　　　　　　　　　　　　　单位：元

项目	本年金额											上年金额										
	实收资本（或股本）	其他权益工具			资本公积	减：库存股	其他综合收益	专项储备	盈余公积	未分配利润	所有者权益合计	实收资本（或股本）	其他权益工具			资本公积	减：库存股	其他综合收益	专项储备	盈余公积	未分配利润	所有者权益合计
		优先股	永续债	其他									优先股	永续债	其他							
一、上年末余额																						
加：会计政策变更																						
前期差错更正																						
其他																						
二、本年初余额																						
三、本年增减变动金额																						
（一）综合收益总额																						
（二）所有者投入和减少资本																						
1. 所有者投入的普通股																						
2. 其他权益工具持有者投入资本																						
3. 股份支付计入所有者权益的金额																						
4. 其他																						
（三）利润分配																						

续表

项目	本年金额											上年金额										
	实收资本（或股本）	其他权益工具			资本公积	减：库存股	其他综合收益	专项储备	盈余公积	未分配利润	所有者权益合计	实收资本（或股本）	其他权益工具			资本公积	减：库存股	其他综合收益	专项储备	盈余公积	未分配利润	所有者权益合计
		优先股	永续债	其他									优先股	永续债	其他							
1. 提取盈余公积																						
2. 对所有者（或股东）的分配																						
3. 其他																						
（四）所有者权益内部结转																						
1. 资本公积转增资本（或股本）																						
2. 盈余公积转增资本（或股本）																						
3. 盈余公积弥补亏损																						
4. 设定收益计划变动额结转留存收益																						
5. 其他综合收益结转留存收益																						
6. 其他																						
四、本年年末余额																						

（4）本期期末余额。

因此，所有者权益变动表是一个复式表格。在所有者权益变动表中可以单独反映所有者权益总量的增减变动、所有者权益增减变动的重要结构性信息和直接计入所有者权益的利得和损失三大类信息。

可以看出，所有者权益变动表实质上是所有者权益这个会计要素的"明细"，反映了从上期期末余额到本期期末余额的数据关系。当然，也可以认为，此表是资产负债表中所有者权益要素的附表。

2.5.2　所有者权益变动表的理论依据

四大财务报表之间的逻辑关系体现在报表项目及报表间项目的勾稽关系上，对这些关系的理解，有助于报表阅读者和分析者读懂报表数字，看穿（see through）报表及其数字逻辑，作用重大。

所有者权益变动表，在 2007 年之前的形式体现为利润分配表，该表是联系利润表和资产负债表的桥梁和纽带。因此，该表具有如下勾稽关系：

（1）单体所有者权益变动表表内勾稽关系。

对本表中构成所有者权益的各项目：上年年末余额＋调整项＝本年年初余额。

对实收资本、其他权益工具、资本公积和库存股来说：本年年初余额＋所有者投入和减少资本＝本年年末余额。

对其他综合收益、专项储备、盈余公积和未分配利润来说：本年年初余额＋本年增加金额（利润表中的综合收益金额计入其他综合收益项目；利润表中的净利润计入未分配利润项目）－利润分配（只有对所有者的分配才真正减少了所有者权益）＝本年年末余额。

（2）单体报表中与所有者权益变动表相关的表间关系。

资产负债表中所有者权益各项目本年年初余额＝所有者权益变动表各项目本

年年初余额；

所有者权益变动表各项目本年年末余额＝资产负债表中所有者权益各项目本年年末余额；

资产负债表的所有者权益各项目期末余额－期初余额＝所有者权益变动表中各项目"本年增减变动金额"栏数额。

再具体来说：

所有者权益变动表中盈余公积项目（利润分配栏中的提取盈余公积项）金额＝资产负债表中盈余公积项目期末余额－期初余额。

因此，单体报表中，资产负债表所有者权益合计期末余额－期初余额＝所有者权益变动表中"本年增减变动金额"的所有者权益合计数；

所有者权益变动表中其他综合收益（本年增减变动中的综合收益总额栏）＝利润表中的其他综合收益项目金额；

所有者权益变动表中未分配利润（本年增减变动中的综合收益总额栏）＝利润表中的净利润金额；

因此，所有者权益变动表中综合收益总额＝利润表中综合收益金额。

2.6　财务报表项目的逻辑关系

图 2-10 清楚地展示了四大财务报表之间的勾稽关系。我们以资产负债表为起点，首先，对货币资金进行调节，就会得到现金流量表的现金及现金等价物的期初、期末金额及其变动，对这种变动按照经营活动、投资活动和筹资活动进行细分，就是现金流量表。因此可以说，现金流量表是货币资金项目的附表。其次，从上节已经知道，所有者权益变动表是资产负债表所有者权益要素的附表，而所有者权益变动表中的综合收益项目的具体展现便是利润表。最后，利润表中

的净利润项目又与现金流量表附注（间接法编制而成）中的起点"净利润"项目相稽核。

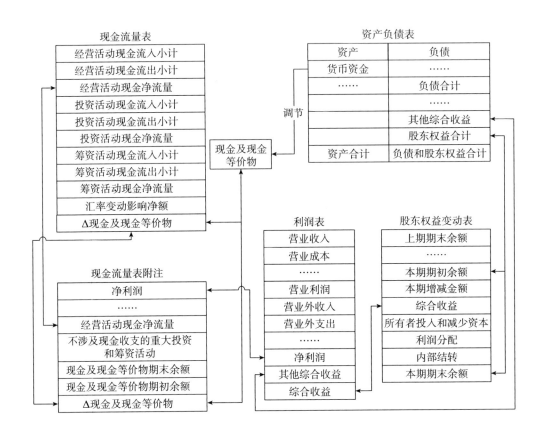

图2-10 报表项目间的勾稽关系

当然，为了突出重点，图2-10只是标明了报表之间主要的勾稽关系，还有更多的报表项目关系没有勾勒出来，比如：

➤营业收入与销售商品、提供劳务的关系；

➤营业成本与购买商品、接受劳务的关系；

➤筹资活动现金流入、流出与负债项目的关系；

➤投资活动现金流出与固定资产、无形资产、开发支出、商誉等资产的关系；

➢投资活动现金流出与债券资产、股权资产的关系；

……

2.7　报表附注

附注是对资产负债表、利润表、现金流量表和所有者权益变动表等报表中列示项目的文字描述或明细资料，以及对未能在这些报表中列示项目的说明等。附注应当披露财务报表的编制基础，相关信息应当与资产负债表、利润表、现金流量表和所有者权益变动表等报表中列示的项目相互参照。

附注一般应当按照下列顺序至少披露：

（1）企业的基本情况。

（2）财务报表的编制基础。

（3）遵循企业会计准则的声明。

（4）重要会计政策和会计估计。

（5）会计政策和会计估计变更以及差错更正的说明。

（6）报表重要项目的说明。

（7）或有和承诺事项、资产负债表日后非调整事项、关联方关系及其交易等需要说明的事项。

（8）有助于财务报表使用者评价企业管理资本的目标、政策及程序的信息。

【讨论】

2006 年版准则颁布之后，我们可以看到的是：

过去提出的报表附表不见了，哪儿去了？不需要公布了吗？

【引例】

格力电器 2018 年年报的构成及报表附注的地位

格力电器 2018 年年报全文一共 206 页，其中，财务报告共有 129 页，占报告总体内容的 63%。财务报告中，除了非常关键的审计报告（8 页）和报表（12 页）之外，报表附注就有 110 页，占到了财务报告的 85%，足见报表附注的分量。

格力电器 2018 年年报的具体构成如图 2-11 所示。

<table>
<tr><td rowspan="14">年度报告</td><td>• 第一节　重要提示、目录和释义（2-5）</td></tr>
<tr><td>• 第二节　公司简介和主要财务指标（5-9）</td></tr>
<tr><td>• 第三节　公司业务概要（9-14）</td></tr>
<tr><td>• 第四节　经营情况讨论与分析（14-38）</td></tr>
<tr><td>• 第五节　重要事项（38-57）</td></tr>
<tr><td>• 第六节　股份变动及股东情况（57-62）</td></tr>
<tr><td>• 第七节　优先股相关情况（62-63）</td></tr>
<tr><td>• 第八节　董事、监事、高级管理人员和员工情况（63-72）</td></tr>
<tr><td>• 第九节　公司治理（72-76）</td></tr>
<tr><td>• 第十节　公司债券相关情况（76-77）</td></tr>
<tr><td>• 第十一节　财务报告（77-206）
　• 审计报告（77-84）
　• 会计报表（85-96）
　• 财务报表附注（97-206）</td></tr>
<tr><td>• 第十二节　备查文件目录（206）</td></tr>
</table>

<table>
<tr><td rowspan="9">报表附注</td><td>•（一）公司基本情况</td></tr>
<tr><td>•（二）本年度合并财务报表范围及其变化情况</td></tr>
<tr><td>•（三）财务报表的编制基础</td></tr>
<tr><td>•（四）遵循企业会计准则的声明</td></tr>
<tr><td>•（五）公司主要会计政策、会计估计和前期差错</td></tr>
<tr><td>•（六）税项</td></tr>
<tr><td>•（七）合并财务报表项目附注</td></tr>
<tr><td>•（八）合并范围的变更</td></tr>
<tr><td>•（九）在其他主体中的权益</td></tr>
</table>

图 2-11　格力电器 2018 年年度报告主要内容

格力电器的年报如此披露，那么，作为其主要竞争对手的美的集团，其年报的内容、格式等又会是什么样的呢？年报的形式可以反映其会计信息质量吗？

第3章　财务报表编制

——一个新的视角

【学习目标】

掌握传统的账务处理程序及财务数据流动关系；

掌握构成传统账务处理程序的"证""账"和"表"的分类、格式和填报要求；

掌握对传统账务处理程序的 Excel 的设计及其改进。

【重点】

传统账务处理程序在新环境下的"困境"。

我国会计基础理论应该得到进一步发展，传统的会计基础理论有必要进行改革。

首先，这是新时代科学技术环境的变化对会计基础理论发展的必然要求。会计基础理论研究应"解放思想、实事求是、与时俱进、求真务实"，认真评估大数据、互联网和人工智能等新技术对会计基础理论的推动与冲击。在这些新技术的影响下，我们可以设想并且坚定地认为，在不久的将来，前辈留给我们的手工会计理论与方法的很大一部分将会被淘汰，如果我们不从会计基础理论着眼，完成对会计基础理论的变革，在现有以手工为基础的会计理论指导下的会计工作就有可能被大数据分析或人工智能结合下的某种工作程序所替代。

其次，我们认为，当今中国会计基础理论教育面临如下矛盾：以传统的手工操作为基础的会计教材，使学生们停留在已成为过去的非计算机时代，以至于学生们或者是在专业实习时方才真正地了解并认识现实世界，或者是在毕业后"恶补"在实际工作中所必需的工作技巧。这样，社会工作岗位对高层次人才愈加迫切地需要，与人才培养方向不配套、不协调之间的矛盾已经在慢慢地形成并不断加深。

最后，会计基础理论的深入研究与会计学教育改革，有助于将会计人员从重复、烦琐、低水平的记账、算账、过账、编表工作中解脱出来，转向信息系统设计、专业判断和数据分析等脑力、智力工作中来，从而大大提高会计工作效率，并再次提高会计工作的地位。

3.1 传统会计账务处理程序

可以说，会计原理的内容主要由两大模块构成，一个是以会计等式为中心的复式记账规则及其应用；另一个是以会计账务处理程序为核心的以"证—账—表"为主要流程和载体的信息加工程序。

会计账务处理程序，也称为会计核算程序或会计核算组织形式，指在会计核算中，账簿组织、记账程序和会计报表有机结合的形式。

传统的会计账务处理程序是以交易或事项发生为会计确认的起点，一般来说，有如下步骤：

①将同类经济业务的原始凭证汇总编制成原始凭证汇总表；

②根据审核无误的原始凭证或原始凭证汇总表编制记账凭证（主要是会计分录信息）；

③根据记账凭证中的收款凭证和付款凭证登记现金日记账和银行存款日

记账；

④根据原始凭证、原始凭证汇总表和记账凭证登记相关的明细分类账；

⑤选择适合于企业自身情况和特点的方法登记总分类账；

⑥定期将日记账和明细分类账同总分类账进行核对；

⑦定期（一般按年度和半年度）根据总分类账和明细分类账编制会计报表。

上述步骤如图 3-1 所示。

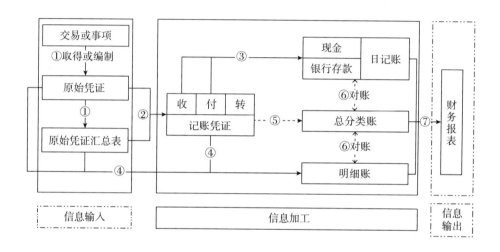

图 3-1　传统的账务处理程序及其本质

特别需要注意的是第⑤步骤。根据自身情况和特点，会计人员可选用的登记总账的方法主要有记账凭证直接登记法、汇总记账凭证法和科目汇总表法三种方法。这三种登记总账的方法就构成了大多数会计学原理教材中所提及的三种会计核算组织形式。

对于总账和明细账的登记，即第④和第⑤步骤，在技术方法上，要求按照平行登记规则（同向、同期间、同金额）进行登记。在期末，要进行明细账和总账、日记账和总账间的账账核对工作，核对无误后，遂根据总账、明细账进行财务会计报表的编制工作。

一般认为，这样的会计账务处理程序有如下作用：

（1）可以使会计数据的处理过程有条不紊地进行，确保会计记录正确、完整，会计信息相关、可靠；

（2）可以减少不必要的会计核算环节和手续，节约人力、物力和财力，提高会计工作效率；

（3）有利于会计核算工作的分工协作、责任划分，且能充分发挥会计工作的监督职能。

从整体来看，会计账务处理程序是联结凭证（原始凭证、记账凭证）、账簿（明细账、分类账和日记账）以及会计报表的会计工作流程，上下流程之间具有依次递进、环环控制的特点。正因如此，会计系统本身也就具有内部控制的功能，因而被称为会计控制系统。尤其应该注意的是，在这样的核算程序中，明细账与总账有着不同的数据来源渠道，这是由总账和明细账信息的详细程度不同所导致；总账对明细账有着统驭与控制作用，不同来源渠道的信息可以进行相互稽核与验证。

毋庸置疑，在手工簿记的条件下，几百年来的会计实践与发展促成了传统会计核算程序的最终形成，使得经过此程序编制而成的财务会计报表具备了数字上的机械准确性特征，并以此将会计与统计等学科区分开来；而财务会计报表所综合反映出的会计主体财务状况、经营成果和现金流量等信息，具备了如实反映、相关性这两个基本质量特征和及时性、可理解性等提升性质量特征，最终使得会计成为国际通用商业语言。

在传统会计核算程序中，会计的确认、计量和报告过程分别在凭证、账簿和报表三种载体中得以实现。具体来说，编制记账凭证环节实现了对经济交易与事项的初次确认，是交易事项信息进入账簿处理体系的第一个环节，而收款、付款与转账凭证的划分，是在手工记账方法下对会计人力的一种节省，以便会计人员更有效地登记相应账簿；登记账簿环节是对"孤立"的凭证信息的连续、汇总反映，而日记账、分类账和总账的划分，实现了会计岗位的劳动分工以进一步节省会计人力，提高会计工作效率。因此，可以说，受制于手工簿记条件和低效的会计劳动生产力水平，会计人员出于提高工作效率的本能对凭证和账簿这两类信息载体的改进逐渐形成我国会计原理所描述的那样：将记账凭证划分为收、付、转三种形式，将账簿划分为日记账、明细账和总账三种形式，这个改进实现了对会计人员的劳动分工，较大地提高了会计工作效率。尽管如此，这样的手工簿记系统下的过账、对账和编表工作，在今天看来，依然会耗费大量的会计人员的精力和体力。那些著名的"差一分钱，账就找不平"的段子便是这种手工簿记系统烦琐冗杂、效率低下特征的体现。

【问题与探讨】

你在《会计学原理》中所学到的账务处理程序与图 3 - 1 所示的程序有差异吗？

3.2　电算化环境下的账务处理程序

新技术环境改变并塑造了新的会计环境，这个环境可以简单概括为"大智移云"或者"ABCD"①，这对传统手工会计记账方法提供了众多改进的技术选择、路线和空间，使记账过程变得更加高效和透明。

电子计算机的出现对传统会计账务处理实践产生了根本性的影响。在现有电算化会计核算手段下，如用友、金蝶以及 ERP 等软件，会计信息的输入方式由手工登账发展到键盘输入、扫描或感应等多种方式；计算工具由算盘、计算器发展到电子表格等工具；会计信息的载体从纸质媒介发展到硬盘、光盘等电子存储

① "大智移云"指大数据（Big Data）、人工智能（Artificial Intelligence）、移动互联和云计算（Cloud）；区块链（Block Chain）和大数据、人工智能以及云计算的首字母，便构成了"ABCD"。

介质。总的来说，会计信息的处理与传输呈现自动化、电子化、无纸化和实时化的特点。

究其根本，电算化会计本质是在交易或事项相关信息通过人机操作界面这个"前台"输入之后，经过信息加工或处理这个"后台黑箱"，最终在"前台"输出财务报表信息的信息结构化过程，如图3－2所示。

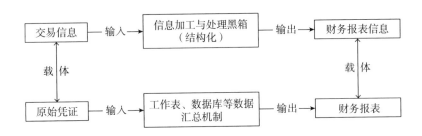

图3－2　电算化会计基本原理

具体来说，电算化会计处理的整个过程由具有相应权限的会计人员操作完成，会计人员通过电算化会计系统的操作界面（见图3－3）进行相应操作，而具体的数据汇总、分类、排序、筛选等一系列"动作"均在"黑箱"后台以"命令"的方式进行，由此必然会带来证账表数据一致化和数据处理一体化的结果。这就使得手工簿记系统下的账簿分类以及账务处理程序没有了任何意义，但后台信息加工与处理的"黑箱"，因其不可见性，而严重阻碍着会计专业初学者对零散、杂乱和无序的交易信息转变为财务报表信息这个信息结构化过程背后的数据汇总机制的理解，即电算化会计处理使得会计信息加工与处理过程的透明度降低。

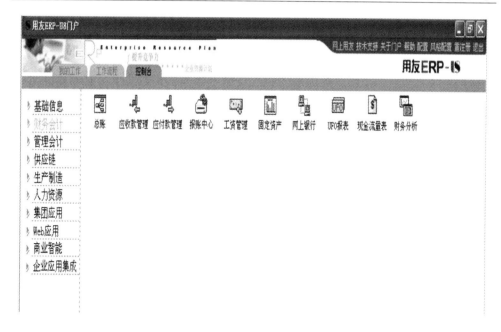

图 3 - 3 电算化系统的人机操作界面

3.3 一个"后台显化"的账务处理程序

3.3.1 "后台显化"的设计——对传统会计核算程序的改进

现行教科书中介绍的账务处理程序理论依旧是几十年以前的记账凭证账务处理程序、汇总记账凭证账务处理程序和科目汇总表账务处理程序。这些理论均是在手工簿记的条件下总结、归纳出来的。在新技术环境下，如电算化甚至于Excel这样简单的电子数据表格环境下，作为构成传统手工记账方法中重要手段的记账凭证及其细分、账簿及其细分，是否还有必要？这些理论存在的意义又有多大？是否有必要对其进行改良呢？

在传统手工会计模式下，将会计比作一个信息系统，实质上是将零散的、杂乱无章的、没有意义的交易或事项信息，通过凭证、账簿等信息载体进行分类、汇总、分拆等信息加工和处理，最终将信息加工处理的结果展现在财务会计报表这样的纸质载体之中。

从信息生成的角度来看会计核算程序，在经济交易或事项发生后取得或填制原始凭证以及进行原始凭证汇总的过程可看作是"信息输入"过程；编制记账凭证，登记日记账、明细账和总账过程是"信息加工"过程；最后，编制财务会计报表是"信息输出"过程。

相信本书所讲的一份作业（详见 3.3.2 节）已经给出了最直接的回答！这份作业正是依照如图 3－2 所示的记账程序完成了设计并实现了自动过账、自动结账、自动实时编表和财务指标自动计算等多个功能。

"世界的本源是信息"（Viktor Mayer－Schnberger，2013）。相比较原始凭证的交易信息、记账凭证的会计分录信息、分类账的结构化分类和汇总期间信息以及报表信息而言，原始凭证、记账凭证、分类账和财务会计报表均可以被看作是相应信息的信息载体。在这些载体之中，会计实质上进行了"交易信息→分录信息（记账凭证）→分类和汇总信息（分类账和日记账）→报表信息（财务报表）"的依次转化与传递。如果将交易信息看作是信息输入，报表信息为信息输出，那么，与传统手工记账不同的是，对会计分录信息、分类和汇总信息的加工和处理过程是在电子表格形式下的工作表、数据库或其他数据分析手段中进行①。在电算化环境下，则表现为更高层次的程序语言设计；相较于凭证和账簿这些直观可见的载体及其处理过程，这些电子信息的处理加工过程（以函数公式或者程序表现）则显得难以把握和琢磨，因此，被人们称之为"信息黑箱"。

我们必须承认（如作业所示），这样的函数或者程序语言设计，极大地减少

---

① 这个过程，在该份学生作业中，具体表现为第 9 列到第 62 列的 Excel 函数设置。

了会计人员的工作量，将大量的记账、算账、过账、编表这些低水平、重复性体力耐力消耗在最初的函数或程序设计中予以消化消解，使得手工记账方法下容易发生的串行、错行等过账、对账错误根本没有可能发生，从而实现了对传统手工记账方法的颠覆，更实现了对传统凭证与账簿体系下的账户登记和报表编制过程的强制性舍弃。其结果是将会计人力从烦琐、大量、低水平、重复性的记账、算账、过账、编表工作中解脱出来，转向系统设计、专业判断和数据分析等这些更高水平的脑力工作与职业分析和判断中来。

3.3.2 "后台显化"的 Excel 设计——以一份作业为例

人类社会发展和会计实践要求我们会计信息处理的自动化和智能化，但这也对会计教育提出了巨大挑战，那就是如何将"后台运行"的复杂的架构、模块和程序、命令等变为"前台展示"，清楚地呈现给学生。这个过程对于会计专业学生理解整个会计信息系统的数据汇总机制至关重要。

应该说，我们是从学生提交的一份新颖的会计学作业中，感觉到了会计基础理论改革的必要性和紧迫性，也发现了满足上述"后台显化"或者"后台变前台"需求的手段与方法。"后台显化"虽然是通过 Excel 小程序来完成的，但却能够使得学生通过整体设计，快速深刻地把握报表和报表项目间的数据关系。

这份作业①仅有 20 多笔业务，涉及编写会计分录，要求按照传统手工记账方法来登记日记账、明细账和总账，编制会计主体期末的资产负债表、利润表、所有者权益变动表、现金流量表，并计算相关财务指标这样的要求。通过这个作业，可以综合地考核学生对账务处理程序的数据汇总机制以及报表勾稽关系的掌握程度。

---

① 《会计原理》作业及要求链接：https：//pan. baidu. com/s/1VsS8zNLmCDkvIyrRaaaQPQ；提取码：k4tj。

在众多作业中，有一份作业①是这样设计并完成的：

第一，给业务编制会计分录。分录作业在 Excel 表格中完成，工作表 1（分录与数据表）的前 7 列名称分别是：序号、日期、摘要、一级科目、次级科目、借方金额、贷方金额；在空了一列之后，从第 9 列开始，列名称依次设计为现金标记、资产类科目、负债类科目、所有者权益类科目、收入和费用类科目，一共设置了 62 列，这些一级科目依次按照资产负债表和利润表的项目顺序展开；工作表 2 至工作表 6 依次分别是资产负债表、利润表、所有者权益变动表、现金流量表和指标分析表。

需要强调的是，在工作表 1 中，专门设计了"现金标记"一栏，这是为了对涉及现金收支的业务按照现金流量表项目进行标记所设，在标记完所有的现金项目之后，就可以利用 Excel 中的数据透视表直接生成现金流量表。可以看出，该现金流量表的编制方法就是直接编制法。

第二，在前 7 列对业务进行登记，即首先完成编制会计分录的相关步骤，如填写业务编号（即手工系统下的凭证号）、记账时间、业务摘要、借贷科目名称（一级科目和次级科目）和相应金额等信息。在进行完上述工作之后，在后面的 62 列中即可实现自动过账、自动稽核与核对、发生额与余额的实时试算平衡、自动结账、自动生成报表以及指标计算。在工作表 2 至工作表 5 中分别呈现了自动生成的资产负债表、利润表、所有者权益变动表和现金流量表；在工作表 6 中呈现了自动计算出的各个财务指标值。当然，结合比较报表，也完全可以实现基于比较报表的结构分析和趋势分析方法的应用。

需要说明的是，Excel 表中自动过账功能是通过简单的 if 逻辑函数来实现的，当所编制会计分录中的 D 列"一级科目"名称与第 9 列至第 62 列的"一级科目"列名称一致时，就会在相应行列交叉所定位的单元格中显示相应会计分录所

---

① 《会计原理》Excel 模板及参考答案链接：https：//pan. baidu. com/s/1RSEIegox1tEnG1eLMdEylw；提取码：zfzk。

对应的金额。这使得手工记账方式下的过账符号一栏毫无意义。

第三，该作业的第 9 列是现金标记。设置此列，主要用于对涉及现金流的业务进行现金流量表项目的直接标记。为方便起见，作业中对数据有效性进行了设计，并采用下拉菜单形式进行现金流量表项目的选择。如此，就为自动生成现金流量表奠定了基础。

第四，该作业在第 8 列以及在资产类、负债类、所有者权益类、收入类和费用类科目之间，设置了空白列作为扩展区，以方便进行更多科目或项目的添加设置，具有较好的扩展和容错功能。

第五，该作业还设计了分录错误提醒与相关账簿预警功能。分录错误提醒功能，是通过发生额和余额的试算平衡设计来完成，如当会计分录借贷金额不等时，会在左上角表头位置出现黄色警示："不平衡，错啦！"；相关账簿预警功能是，在现金、银行存款、存货等账户出现负数等情况时，通过 if 逻辑函数进行判断，从而在相应账户上方出现黄色警示："余额为负，错啦！"；当然，对于存货项目，还可以进行存货的最低库存量等方面的预计设计，不再一一列出。

第六，该作业完成了报表的自动实时生成。

3.3.3　财务报表编制的理论基础——数据汇总机制角度

第 2 章图 2-10 明确地表示了财务报表编制所依赖的数据汇总机制。上述习题就是这种数据汇总机制的"后台显化"的 Excel 实现方式。

这种数据汇总机制，依赖于如下原理：

第一，数据汇总机制的实现要依赖于标准化的会计科目。这使得利用逻辑判断函数就可以实现向科目汇总表的自动过账。

第二，"有借必有贷，借贷必相等"的记账规则保证了相应会计科目的数据在会计要素之间的恒等关系。当然，这个记账规则也是资产负债表、复式簿记和试算平衡的理论依据，更是我们这个作业的理论保证。

第三，四大报表之间的关系体现在项目勾稽关系上，这也保证了财务信息数据在实账户和虚账户之间的有序转换和衔接。

我们也尝试着对这个数据汇总机制的"前台化"进行总结，如图3-4所示。

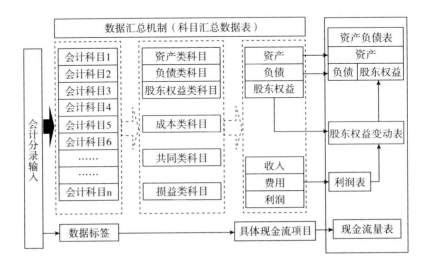

图3-4 "后台显化"的 Excel 方式下的数据汇总机制

【讨论】

面对这样的会计作业，我们应当得到什么启发呢？

3.4 练 习

"纸上得来终觉浅，绝知此事要躬行"。上述作业设计最大的好处，就是通过对传统账户处理程序的数据汇总机制的 Excel 实现方式，清清楚楚地显化了财务数据信息流动的过程和结果，更可以看成一次会计账务处理实习训练。强烈建议大家在 Excel 环境下自己动手做一次。

自己动手之前，先看看下面这几个问题：

第一，在编制完成会计分录之后，是如何实现会计分录中的科目自动过账的？

第二，是如何进行会计分录的平衡验证的？

第三，是如何实现在编制完会计分录、自动过账后实时生成报表的？

第四，是如何保证科目余额和发生额试算平衡的？

第五，是如何实现最低资金持有量、最低存货量等自动报警功能的？

第六，是如何完成期末结账的？作业中的结账和期末结账有何不同？

你现在能回答吗？如果不能，请带着问题在 Excel 表中摸索着实践吧！Learn by doing！

第4章 财务分析的基本方法

【学习目标】

掌握财务分析的基本方法；

活学活用基本方法。

【重点与难点】

掌握每种分析方法背后的前提与逻辑；

掌握每种分析方法背后的缺陷；

各财务指标间的关系；

各财务指标与报表项目间的关系。

4.1 结构分析法

何谓结构？结是结合之意，构是构造之意。合起来理解就是主观世界与物质世界的结合构造之意思。例如，语言结构、建筑结构、人体结构、资本结构等。这是人们用来表达世界存在状态和运动状态的专业术语。

结构信息可以较为全面地描述部分与整体的关系，有助于报表分析者分清主次，包括主要中的次要和次要中的主要方面。只有抓住了主次之分，才能把握财务状况的"真实"情况，勾勒出反映实际情况的主流与支流，进而有助于把握财务状况的本质与发展趋势。实际上，这也是"坚持一切从实际出发"这个基本工作方法在财务分析中的具体体现，更是分清实际中的主流与支流，抓住主要矛盾，把握事物主流这个方法的具体应用。

需要强调的是，部分或者各个子结构的集合构成了整体，因此，进行结构分析法的前提就是部分或各个子结构之和便是整体。如对资产各组成部分计算其各自占比，对负债各组成部分计算其各自占比，就是结构分析。

具体以资产负债表为例，面对资产负债表所反映的财务状况信息，我们首先要看资产整体规模，并根据会计等式看负债规模及其结构比例；其次再具体细化资产和负债的每一个项目所占资产总体的比例关系，并对其进行排序，即可得知资产、负债及所有者权益的构成比例。如果进行连续若干年的上述构成比较，更可以得知各个项目在若干年的变化趋势，有助于我们预测未来趋势走向。

4.1.1 资产负债表结构分析

下面以 2016～2018 年格力电器连续 3 年的合并资产负债表和合并利润表为例，来反映结构分析方法的具体应用。

格力电器连续 3 年的合并资产负债表结构分析如表 4-1 所示。

表 4-1 2016～2018 年格力电器合并资产负债表结构分析　　单位:%

资产	2018 年	2017 年	2016 年	平均	负债和所有者权益	2018 年	2017 年	2016 年	平均
流动资产:					流动负债:				
货币资金	45	46	53	48	短期借款	9	9	6	8
应收票据	14	15	16	15	应付票据	4	5	5	5
应收账款	3	3	2	3	应付账款	16	16	16	16
预付款项	1	2	1	1	预收款项	4	7	5	5
其他应收款	1	1	1	1	应付职工薪酬	1	1	1	1
存货	8	8	5	7	应交税费	2	2	2	2
其他流动资产	7	5	1	4	其他应付款	2	1	1	1

续表

资产	2018 年	2017 年	2016 年	平均	负债和所有者权益	2018 年	2017 年	2016 年	平均
流动资产合计	79	80	78	79	其他流动负债	25	28	33	29
非流动资产：					流动负债合计	63	69	70	67
发放贷款及垫款	4	3	3	3	非流动负债：				
可供出售金融资产	1	1	1	1	非流动负债合计	0	0	0	0
长期股权投资	1	0	0	0	负债合计	63	69	70	67
投资性房地产	0	0	0	0	所有者权益：				
固定资产	7	8	10	8	实收资本	2	3	3	3
在建工程	1	0	0	0	盈余公积	1	2	2	2
无形资产	2	2	2	2	未分配利润	33	26	24	28
递延所得税资产	5	5	5	5	归母所有者权益合计	36	31	30	32
其他非流动资产	0	0	1	0	少数股东权益	1	1	1	1
非流动资产合计	21	20	22	21	所有者权益合计	37	31	30	33
资产总计	100	100	100	100	负债和所有者权益合计	100	100	100	100

注：为了清楚地展示，本表中删除了占比小于1%的报表项目。

通过结构数据，从表4－1可以非常清晰地看出如下特点：

首先，在资产构成上，流动资产三年的平均占比为79%（三年依次为78%、80%和79%）；在流动资产构成方面，货币资金占资产比重三年平均为48%（三年依次为53%、46%和45%），货币资金占流动资产比重分别为68%、58%和57%；除了货币资金之外，流动资产中占比依次为应收票据（16%、15%和14%）、存货（5%、8%和8%）和应收账款（2%、3%和3%）。可以说，格力电器资产的流动性很好。

其次，在负债构成上，资产负债率指标三年平均为67%（三年依次为70%、69%和63%）；在流动负债构成上，按照平均占比排序，依次为应付账款（16%）、短期借款（8%）、应付票据（5%）、预收款项（5%），还需要注意到，其他流动负债平均占比达到了29%。

再次，格力电器应收款项（应收票据、应收账款）占比平均为18%，而应付款项（应付票据、应付账款）占比平均为21%；并且应收款项中主要为应收票据（15%），应付款项中主要为应付账款（16%）；同时，预付款项占比为1%，而预收款项占比为5%；上述两点反映出格力电器对供应商和客户"碾压般"讨价还价的能力。

最后，格力电器的权益构成中，未分配利润占比高达28%，加上盈余公积的2%，留存收益占比高达30%，而实收资本占比为3%，反映了格力电器良好的利润积累与充足的自由资金提供能力。

如图4-1所示，通过结构分析，我们可以在脑海中勾勒出格力电器资产与权益构成的主要部分，给其财务状况给出一个初步结论。但更重要的是，这种结构分析还能提供进一步深入研究的更多线索，借以提炼出值得讨论的问题或者话题。比如：

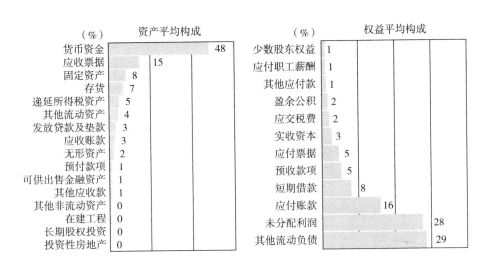

图4-1 资产与权益构成

（1）为什么格力电器拥有48%高比例的货币资金，却同时还有着占比8%的短期借款？

（2）格力电器应收款项中的高比例应收票据与应付款项中的高比例应付账款，反映出对客户和供应商的什么样的销售与采购策略？

（3）格力电器的其他流动负债占比达到了29%，递延所得税资产为5%，这些项目的具体构成有哪些？

（4）格力电器的资产构成中，有实物形态的资产和没有实物形态的资产占比分别是多少？金融资产和非金融资产占比呢？实资产和虚资产呢？同样，在负债中，带息负债和不带息负债占比呢？等等。

……

对上述问题的回答，需要结合其他分析方法，这样就会愈加全面真实地"描绘"出格力电器的财务状况情况。

在注册会计师所实施的审计程序中，分析性复核程序被称为"以发现异常为目的"的程序，该审计程序是以发现异常比率或指标为目的，以"异常就是风险"为基本原理。实际上在分析性复核程序中也运用到了结构分析方法以发现异常。

【问题】

对合并资产负债表中的少数股东权益来说，少数股东指谁呢？如何看待这个项目？

【问题拓展】

财务分析方法与审计方法有什么联系？

4.1.2　利润表结构分析

利润表的结构分析，常见的方法是将营业收入作为100%，拿利润表的其他项目和营业收入逐一比较，继而得出相对大小的方法。

格力电器连续3年的合并利润表结构分析如表4-2所示。

表 4 - 2　2016～2018 年格力电器合并利润表结构分析　　单位:%

项目	2018 年	2017 年	2016 年	平均
一、营业总收入	100	100	100	100
其中:营业收入	99	99	98	99
利息收入	1	1	2	1
二、营业总成本	85	83	83	84
其中:营业成本	69	66	66	67
税金及附加	1	1	1	1
销售费用	9	11	15	12
管理费用	2	4	5	4
研发费用	3	2	0	2
财务费用	- 0.5	0.3	- 4.4	- 2
其中:利息费用	0.5	0.5	0.3	0
利息收入	1.2	1.5	1.3	1
资产减值损失	0	0	0	
加:其他收益	0	0	0	
投资收益	0	0	- 2	- 1
公允价值变动收益	0	0	1	0
资产处置收益	0	0	0	
三、营业利润	15	17	16	16
加:营业外收入	0.2	0.3	1.0	1
减:营业外支出	0	0	0	
四、利润总额	16	18	17	17
减:所得税费用	2	3	3	3
五、净利润	13	15	14	14
六、其他综合收益的税后净额	0	0	0	
七、综合收益总额	13	15	14	14

在对利润表进行结构分析时,通常将营业收入设定为 100%,分别计算各项收入、营业成本、期间费用、利得(损失)和利润项目占营业收入的比例,以反映收入/费用(成本)项目和利得/损失项目与营业收入的相对大小比较。

从表 4 - 2 可以看出:

（1）格力电器的营业总成本占营业总收入的比重平均为84%，3年内占比较为稳定。

（2）在营业总收入构成上，营业收入占到了99%，而集团中财务公司的利息收入占到了平均1%。

（3）在营业总成本中，营业成本平均占比为67%；销售费用为12%，管理费用4%，且逐年减少；财务费用中的净利息部分平均贡献了2%；七项利得（或损失）项目占比相对较小。这样，营业成本、销售费用和管理费用三项，平均占比达到了83%（分别为67%、12%和4%）；可以看出格力电器在营业成本控制、营销力度和管理效率方面的控制能力不容小觑。

（4）除了上述项目之外，2016年到2018年度，营业利润内的资产减值损失、其他收益、投资收益、汇兑收益、公允价值变动收益和资产处置收益项目，占收入的比重，均较为稳定，且占比均不超过0.3%。营业外收支项目占收入比重，除了2016年营业外收入占比在1.0%外，均不超过0.3%，也较为稳定，且占比很小。

当然，进行上述分析，一定应清楚利润表的项目构成及各个项目的含义，尤其是利润表中具有稳定、持续和可预测性特征的收入/费用项目和不具有上述特征的利得/损失项目的区别，以及营业利润内的项目与营业外项目的区别。如此，才能做到心中有数。

【问题与探讨】

在现有利润表的格式构成中（以财会〔2019〕6号文为准），以营业收入（单体报表）或营业总收入（合并报表）设定为100%作为比较对象，在逻辑上存在什么问题？

观点：从逻辑上讲，结构分析法是要拿构成总体的各个组成部分去和总体进行比较，以反映各个组成部分的相对结构比重。在上述的利润表格式中，以营业收入或营业总收入作为整体，用其他项目和其相比，存在着如下两点问题：第一，营业外收入不属于营业收入或营业总收入，拿营业外收入去和营业收入（或营业总收入）去比较，属于两个不同类事物的比较；第二，营业利润项目中的利得或损失项目（一共有七个项目），性质上也与营业收入（或总收入）完全不同，理论上有可能会出现部分大于整体的"逻辑失当"情况。因此，进行这样的比较，只是纯粹的数字大小的相对比较，不宜将其认定为"结构"比较。

基于上述分析，表4-3所采用的结构比较分析方法，理论上仅适用于营业利润范围内收入、费用（含成本）项目的比较。

利润表的编制有"一步式"和"多步式"方法，各种法规规章中的利润表格式均是以"多步式"的利润表格式来呈现。那么，"一步式"利润表中进行结构分析，是不是会避免上述问题呢？建议大家按照"一步式"方法对我们既有的"多步式"利润表进行修改，那又会怎么样呢？以2018年格力电器的合并利润表为例。

表4-3 "一步式"合并利润表 单位：元,%

项目	2018 年	2017 年	2018 年结构	2017 年结构
一、经济利益总流入	200,904,071,671.95	151,336,537,786.97	100	100
营业收入	198,123,177,056.84	148,286,450,009.18	99	98
利息收入	1,899,287,824.22	1,731,806,535.80	0.9	1
已赚保费				
手续费及佣金收入	1,532,862.81	1,295,066.77	0	0
收入小计	200,023,997,743.87	150,019,551,611.75	100	99
加:其他收益	408,553,205.53	401,088,766.61	0.2	0.3
投资收益	106,768,935.01	396,648,138.32	0.1	0.3
汇兑收益			0.0	0.0
公允价值变动收益	46,257,424.83	9,212,503.59	0.0	0.0
资产处置收益	636,629.29	-1,022,346.31	0.0	0.0
营业外收入	317,857,733.42	511,059,113.01	0	0
利得小计	880,073,928.08	1,316,986,175.22	0	1

续表

项目	2018 年	2017 年	2018 年结构	2017 年结构
二、经济利益总流出	174,525,041,854.89	128,827,938,742.88	87	85
营业成本	138,234,167,710.13	99,562,912,753.17	69	66
利息支出	45,341,946.69	195,890,946.47	0	0
手续费及佣金支出	657,689.31	489,637.56	0	0
退保金				
赔付支出净额				
提取保险合同准备金净额				
保单红利支出				
分保费用				
税金及附加	1,741,892,704.57	1,513,035,444.41	1	1
销售费用	18,899,578,046.25	16,660,268,494.07	9	11
管理费用	4,365,850,083.19	6,071,143,700.01	2	4
研发费用	6,988,368,285.92		3.5	0.0
财务费用	−948,201,396.74	431,284,686.19	−0.5	0.3
其中:利息费用	1,068,308,309.96	818,839,384.70	0.5	0.5
利息收入	2,384,486,815.64	2,204,841,309.74	1.2	1.5
所得税费用	4,894,477,907.19	4,108,585,909.81	2	3
费用小计	174,222,132,976.51	128,543,611,571.69	87	85
资产减值损失	261,674,177.33	263,787,001.82	0.1	0.2
营业外支出	41,234,701.05	20,540,169.37	0	0
损失小计	302,908,878.38	284,327,171.19	0	0
三、净利润	26,379,029,817.06	22,508,599,044.09	13	15
四、其他综合收益的税后净额	−457,274,293.16	125,720,324.63	0	0
归属于母公司所有者的 OCI 税后净额	−459,105,380.38	129,077,663.53	0	0
归属于少数股东的 OCI 税后净额	1,831,087.22	−3,357,338.90	0	0
五、综合收益总额	25,921,755,523.90	22,634,319,368.72	13	15
归母综合收益总额	25,743,682,301.04	22,530,653,868.47	13	15

续表

项目	2018 年	2017 年	2018 年结构	2017 年结构
归少综合收益总额	178,073,222.86	103,665,500.25	0	0
六、每股收益				
（一）基本每股收益	4.36	3.72		
（二）稀释每股收益	4.36	3.72		

【问题与探讨】

"一步式"利润表与"多步式"利润表，有何优缺？

4.2 变动趋势分析

趋势分析法（Trend Analysis Approach），又称比较分析法、水平分析法，在可比的前提下，该方法是通过对财务报表中各类相关数据，将两期或多期连续的相同指标或比率进行定基或环比对比，即可得出指标或比率的增减变动方向、数额和幅度，以此揭示相关信息变动趋势的一种分析方法。为了增强可比性，采用趋势分析法通常要编制比较会计报表。

（1）定基比较方法。

定基比较方法，就是以某一时期的数值作为固定的基期指标数值，将其他的各期数值与其对比以反映变动情况。其计算公式为：

定基动态比率 = 分析期数值 ÷ 固定基期数值

定基比较方法的运用，重点在于对基期的选择。首先，基期的数据应具有代表性，以此作为后期数据比较的基准（Benchmark）。因此，基期数据应是最正常、"噪声"最少的数据，或者这一期间发生了重大的标志性事件而使得这种比较富有意义。如以我国改革开放元年为基期年度；以党的十八届三中全会公布的

《中共中央关于全面深化改革若干重大问题的决定》年度（2013）为基期年度；以2006年《企业会计准则》的重大变化为基期年度；等等。当然，基期的选择，取决于比较分析的目标，以增强可比性和进行有意义的比较为目的。所以，基期的选择不应有所拘泥。

（2）环基比较方法。

环基比较方法，又称环比法，是以每一分析期的前期数值为基期数值而计算出来的动态比率。其计算公式为：

环比动态比率 = 分析期数值÷前期数值

（3）应注意的事项。

在采用趋势分析法时，必须注意以下问题：

1）用于进行对比的各个时期的指标，在计算口径上必须一致；

2）必须剔除偶发性项目的影响，使作为分析的数据能反映正常的经营状况；

3）应用例外原则，对某项有显著变动的指标作重点分析，研究其产生的原因，以便采取对策，趋利避害。

以财会〔2018〕15号对利润表的改进为例，在这一次的规定中，利润表项目中新增了"研发费用"，原来该项费用计入到"管理费用"项目之中，因此，在进行2017～2019年三个年度比较时，就应该对相应项目进行调整，以保证计算口径的一致，保证其可比性。在报表阅读时，经常会发现本期静态报表（资产负债表）项目的年初数可能与上年年末数不一致，或者动态报表（利润表或现金流量表）项目在两个连续年度中的同一年度数值不一致，其中可能是由于编制比较报表的需要而对相应项目的会计调整。

【拓展阅读】

物价指数是反映计算期销售或购进的全部商品价格总水平比基期水平升降变动程度的相对数，通常以计算期（年度、季度或月度）与基期（某年度、季度或月度）相对比，以百分数表示。

物价指数一般有如下几个类别：

按包括商品种类不同，分为单项商品价格指数、商品类别指数和总指数。

按采用基期的不同，分为环比物价指数（以上一期为基期）、年距环比物价指数（以上年同期为基期）、定基物价指数（和固定时期比较）。

按商品的种类和流通环节区分，有工业品出厂价格指数，农副产品收购价格指数、批发物价指数、零售物价指数、服务项目价格指数、职工生活费用价格指数、工农业商品的综合比价指数。

按商品流通渠道区分，又可分为国营、集市贸易等物价指数。

计算物价指数除了要选择好基期和计算期外，还要注意以下几点：

（1）由于无法编制所有商品、所有市县的物价指数，需要选择提供价格资料的典型地区。

（2）要注意商品的可比性。

（3）要注意商品的代表性。

（4）要注意商品规格、等级、质量的一致性。

（5）要注意计算方法的科学性。

4.3　财务比率分析

比率分析法（Ratio Analysis Method）是以同一期或前后若干期财务报表上若干重要项目的相关数据相互比较，求出比值，借此分析和评价公司目前和历史状况的一种方法，是财务分析中的常用方法。

由于财务分析的利益相关方及其"站位"不同，对于不同利益相关方而言，进行财务比率分析所采取的侧重点也就不同。但一般来说，财务比率分析主要包括偿债能力分析、营运能力分析、盈利能力分析、成长能力分析这几种方法。随着分析方法的改进与丰富，分析者加入了对资产质量、利润质量以及资本结构质量等的分析，财务比率分析方法不断完善。

现有的财务指标构成体系如表4-4所示。

表4-4 财务指标体系的构成总括

能力维度		指标名称
偿债能力指标	短期偿债能力	流动比率、速动比率、现金比率
	长期偿债能力	杠杆比率（资产负债率、产权比率、权益乘数）、有形净值债务率、利息保障倍数
营运能力指标		存货周转率、应收账款周转率、流动资产周转率、固定资产周转率、资产周转率、应付账款周转率、营运资金周转率
盈利能力指标		营业毛利率、核心利润率、营业利润率、营业净利率、资产报酬率、资产净利率、净资产利润率、成本费用利润率
现金流指标		收入现金含量（收入收现率）、利润现金含量（经营活动现金净利比、现金净利比）、资产质量（资产现金含量比率）、现金负债比、现金购销比率、经营现金流量结构比、现金到期债务比
股市指标		每股收益（EPS）、每股净资产（BVPS）、市盈率（PE）、市净率（P/BV）、每股股利、股利支付率

4.3.1 偿债能力指标

负债与所有者权益不同。负债有固定的还款期，有明确的债权人。因此，负债的偿还会对企业的货币资金或其他债权方可接受的资产产生"冲击"，对企业的清偿能力信息进行反映就成为利益相关方，尤其是债权人最为关心的事情。

偿债能力指标包括短期偿债能力和长期偿债能力。短期偿债能力指标有流动比率、速动比率和现金比率等；长期偿债能力指标有资产负债率、权益乘数、产权比率、利息保障倍数等指标。具体如下：

对下述指标的理解，建议通过结合资产负债表的具体项目来进行。

（1）流动比率（Current Ratios）。

流动比率 = 流动资产 ÷ 流动负债 × 100%

一般来说，流动负债的偿还有两个渠道，一是用企业包括货币资金在内的流动资产来偿还，二是借新债还旧债。当然，还有一个非常规的渠道，那就是变卖固定资产等非流动资产还债。

因此，以流动资产偿还流动负债，就成为最常见且正常的方式。很显然，流动资产应该大于流动负债，即流动比率大于 1 比较好。许多教材认为该指标应保持在 2：1 左右，这仅是一个所谓的经验法则（Rule of Thumb），在实践中并不具有普遍的实际意义。其中原因，主要还是因为企业所处环境的变化，如行业与产品的生命周期、行业地位、竞争态势、经营战略、商业模式等，会影响到该指标的所谓"标准值"。

当然，由于流动资产中各个构成项目的可变现能力并不相同，甚至于相差很大，如应收票据科目中的银行承兑汇票、应付账款、存货、合同资产等，其变现能力就大不相同。因此，用该指标进行短期偿债能力的评价，仅起一个指示性作用。该指标大于 1，不一定表明短期偿债能力有多好，但该指标小于 1，则其短期偿债能力一定不乐观。

（2）速动比率（Quick Ratios）。

该指标也被称为酸性测试比率（Acid – test Ratio）。

速动比率 = 速动资产 ÷ 流动负债 × 100%

传统教材中，从谨慎角度出发，因为存货的变现速度相对较慢，因此，将存货从流动资产中扣除来反映速动资产信息。也就是说，速动比率就是由于存货较弱的变现能力，而不以存货作为偿还流动负债的可迅速变现的资产所计算出的短期偿债能力指标。

很多教材认为，流动比率应该大于 2，速动比率大于 1 才是比较好的状态。

这个标准的确定，大概是因为如下理由：流动负债需要货币资金或变现现金以外的其他流动资产来偿还，而由于存货的变现难度大、环节多，将其从流动资产中剔除，即速动资产，再以速动资产来偿还流动负债，即速动比率为1，流动比率为2。很显然，这样的理由或逻辑严格说来是站不住脚的，这个结论也是很片面的。

具体来说，从流动资产的变现环节来讲，在流动资产的构成中，除了货币可以直接偿还流动负债以外，交易性金融资产、衍生金融资产以公允价值计量，很容易变现为现金形式；应收票据、应收账款和其他应收款需要经过收款环节变现；合同资产[1]系由企业履行履约义务在先，而客户付款在后而产生，因此，需要经过结算、确认承诺、收款环节变现；存货需要通过生产、销售和收款环节变现；预付账款需要通过采购、生产、销售和收款环节变现。

根据上述分析及变现环节所表示的变现难度，在新的会计环境和报表格式下，速动资产是否可以表达为：速动资产＝流动资产－存货－预付账款－合同资产呢？

（3）现金比率（Cash Ratios）。

现金比率＝（货币资金＋交易性金融资产）÷流动负债×100%

作为一般等价物，货币资金是可以直接还债的资产形式，也是各类债权人最青睐的偿债形式。除了货币资金外，还有交易性金融资产具有极强的变现能力。当然，我们也应该认识到，作为应收票据的银行承兑汇票的变现能力也很强。在财务分析中，我们应该注意这几类资产的比重。

当然，基于不同的分析目的，在保证可比性的前提下，现金比率也可以认为是：

现金比率＝现金及现金等价物÷流动负债×100%

---

[1] "合同资产"并不是一项无条件收款权，该权利除了时间流逝之外，还取决于其他条件（例如，履行合同中的其他履约义务）才能收取相应的合同对价，企业除承担信用风险之外，还可能承担其他风险，如履约风险等。而"应收账款"是企业无条件收取合同对价的权利，企业仅仅随着时间的流逝即可收款，企业仅仅承担信用风险。

（4）杠杆比率（Leverage Ratios）。

在物理学中，利用一根杠杆和一个支点，就能用很小的力量抬起很重的物体。财务杠杆又称融资杠杆、资本杠杆或者负债经营，是企业在资本结构决策时对债务筹资的利用。财务杠杆的原理在于债的"定期还本付息"和可以税前抵税（税盾）的特点。

在财务分析中，反映长期偿债能力或者负债水平的有如下几个指标：

资产负债率（Debt Asset Ratios）＝负债总额÷资产总额×100%

此指标实质上是一个结构性指标，用于说明企业债务占资产的比重大小，即全部资金来源（形成了资产）中有多少来源于债务，由于债务需要按期偿还，以此来衡量企业财务风险的大小，总体反映企业负债情况。

有的教材里也提到权益比率（Equity Ratios），权益比率＝所有者权益总额÷资产总额×100%。由于该指标与资产负债率指标互为补数，在此不再详述，但也需要和下述两个指标区分。

产权比率＝负债总额÷所有者权益总额×100%

权益乘数＝资产总额÷所有者权益总额×100%

显然，根据会计恒等式，资产负债率、产权比率和权益乘数三个指标有如下换算关系。即：

权益乘数＝1＋产权比率

资产负债率＝1－1/权益乘数

资产负债率＝产权比率/（1＋产权比率）

权益乘数＝1/（1－资产负债率）

除了上述主要的反映长期偿债能力的指标以外，还有一些小众指标也被用来反映长期偿债能力。如有形净值债务率和利息保障倍数。

（5）有形净值债务率（Debt to Tangible Assets Ratio）。

有形净值债务率＝负债总额÷（股东权益－无形资产净值）×100%

有形净值是所有者权益减去无形资产净值后的净值。有形资产净值债务率是企业负债总额与有形净值的百分比。该指标用于揭示企业的长期偿债能力，表明债权人在企业破产时的被保护程度。

有形净值债务率指标实质上是产权比率指标的延伸，是更为谨慎、保守地反映在企业清算时债权人投入的资本受到股东权益的保障程度。该指标主要是用于衡量企业的风险程度和对债务的偿还能力。这个指标越大，表明风险越大；反之，则越小。同理，该指标越小，表明企业长期偿债能力越强；反之，则越弱。

对有形净值债务率的分析，可以从以下几个方面进行：

第一，有形净值债务率揭示负债总额与有形净资产之间的关系，能够计量债权人在企业处于破产清算的时候能获得多少有形财产保障。从长期偿债能力来说，指标越低越好。

第二，有形净值债务率指标最大的特点是在净资产中扣除了无法用来偿还债务的一些"虚资产"。

第三，有形净值债务率指标的分析和产权比率分析相同，负债总额和有形净资产应维持 1∶1 的比例。

第四，在使用产权比率时，建议结合有形净值债务率的指标，做进一步分析。

基于准则的最新变化和相关资产的特性，我们尝试着对该指标进行了如下改进：

有形净值债务率 ＝ 负债总额 ÷ 有形净资产

$$= 负债总额 ÷ （股东权益 - 无形资产净值 - 开发支出 - 商誉 - 长期待摊费用 - 递延所得税资产） ×100\%$$

【问题与探讨】

比率指标的应用应紧密结合结构分析法，能更好地接触到"财务真实"，您怎么看？

（6）利息保障倍数（Interest Coverage）。

利息保障倍数 = 息税前利润（EBIT）÷利息费用

对负债的偿还需要按时还本付息。因此，除了反映本金偿还能力的信息之外，还需要反映对利息的偿还能力。这就需要利息保障倍数指标。在财会〔2018〕15 号文发布之后，要求在利润表中的财务费用项下单独反映利息费用和利息收入信息，使得该指标的计算更为准确和方便。

一般认为，该指标应该大于 1，指标值越大表明企业还息能力越强。如果该指标小于 1，则表明企业的财务成果（EBIT）不足以偿还利息。

当然，对企业来讲，按期偿还利息是刚性的，但除了利息之外，可能还有其他固定支出，如优先股股利、偿债基金等，因此有人创设了"固定支出保障倍数"指标，以更谨慎、稳健地评价企业偿还能力。

4.3.2　营运能力指标

营运能力，也称为周转能力或活力指标。资产的周转速度对于提高企业盈利水平至关重要。所谓"薄利多销"就是这个道理。因此，反映企业资产或负债的周转能力的信息，就反映了该企业的营运能力。

（1）存货周转率（Stock Turnover Ratios）。

存货周转率 = 营业成本（年度）÷日均存货

存货周转率，也称为存货周转次数。营业成本信息来自利润表，平均存货可以以年度末、季度末或月度末的平均存货来计算。

假定年营业成本是 100 万元，日平均存货为 10 万元，那么存货在一年里周转了 10 次，这就是存货周转率。

如果是年度平均存货，那么平均存货 =（年初存货 + 年末存货）÷2；如果是季度平均存货，那么平均存货 =（年初存货 + 第一季度末存货 + 第二季度末存货 + 第三季度末存货 + 第四季度末存货）÷5；当然，这样的算法是有前提和假设的，即由于存货是一个时点数，因此假定相应期间内的每一天的存货水平都是相同的；也就是这种算法适用于一年内或一个季度内较为均匀的存货流转，没有较大波动。很显然，对季节性销售或者存在淡旺季销售的企业来说，按此方法计算出的指标值就存在一定程度的扭曲和失真。

实践中还存在着用存货周转天数指标来衡量存货的周转速度。

存货周转天数 = 360 ÷ 存货周转率

= 360 × 平均存货 / 营业成本

= 平均存货 / 平均日营业成本

存货周转率指标存在着较大的"粉饰"空间，因此，应理解存货周转率的含义是什么？

存货			营业成本	
A				
本期增加 B	C 本期销售	→	当期成本 C	
D				

图 4 - 2　存货周转率的涵义

可以看到，对存货账户而言，存在着 A + B = C + D 的恒等关系，A + B 即构成了可供出售的存货，这个部分有两个去向，一是出售成为当期营业成本 C，二是未出售而成为期末存货 D。

因此，存货周转率 $= \dfrac{C}{(A+D)/2} = \dfrac{\text{年营业成本}}{\text{日平均存货成本}}$

从公式可以看出，这样的计算也存在着假设：以存货年末和年初的平均存货余额来表示全年的日平均存货，即存货余额在每一天都是一样的，但也因为该假设，使得该指标存在着不足和粉饰的可能，即为了提高存货周转率，选择在期末降低存货金额，从而达到"粉饰"的目的。

在信息系统下，可以轻易地得到每天存货仓库的存货量及其价值量，因此，存货周转率可以按日精确地计算出来，这样也就大大压缩了"粉饰"的空间与可能。

【问题】

有人认为，存货周转率指标中的平均存货可以是按年、按季度或按月来计算，那么相应地，营业成本自然也该对应为年度、季度或月度营业成本。您如何看待这句话？

我们也注意到，有的资料里是从销售的角度来衡量存货周转率这个指标，即：

存货周转率 = 销售收入 ÷ 平均存货

您又该如何看这个指标呢？

（2）应收账款周转率（A. R Turnover）。

该指标的一般表达式为：

应收账款周转率 = 赊销净额 ÷ 平均应收账款

这个指标，有几点需要说明：

第一，在实践中，由于外界一般不容易得到赊销金额，因此，实践中经常用营业收入代替赊销收入来计算此指标，也就是说，这种情况下，是假设现销收入为零的。

第二，通过应收票据这种赊销交易也产生了营业收入，该指标没有考虑应收票据这种销售形式；另外，严格说来，该指标也没有考虑应交增值税销项税额的影响。

基于上述分析，较为理想的应收账款增长率指标应表示为：

应收款项周转率 = 营业收入 ÷ 平均应收账款和应收票据余额

【问题】

应收账款周转率指标中的平均应收账款和应收票据，应该用平均账面余额，还是平均账面价值？也即是否要考虑提取坏账准备的影响？

图 4－3 展示了应收账款和收入科目间的数据关系。

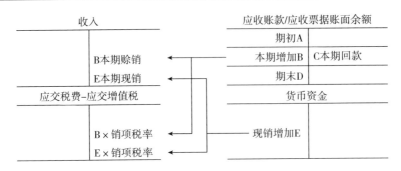

图 4 - 3   收入相关账户的数据关系

从图 4 - 3 可以看出，如不考虑增值税销项因素，如果用赊销金额作为分子，对应收账款和应收票据账户而言，该指标应表示为：

因此，应收账款周转率$_1 = \dfrac{B}{(A+D)/2} = \dfrac{赊销收入}{日平均应收款项余额}$

如果以销售收入作为分子，指标为：

应收账款周转率$_2 = \dfrac{B+E}{(A+D)/2} = \dfrac{营业收入}{日平均应收款项余额}$

可以看出，决定赊销与现销结构的销售政策，对该指标有着较大影响，在分析中，不能不关注分析对象的销售政策。

实践中还存在着应收账款天数，即用收款期指标来衡量应收账款的周转速度。

应收账款周转天数 = 收款期 = 360 ÷ 应收账款周转率

　　　　　　　　 = 360 × 平均应收账款/赊销收入

　　　　　　　　 = 平均应收账款/平均日赊销额

在对上述两个周转指标分析完之后，可以用上述思路来分析如下指标。下述几个周转率指标的内涵是什么？有什么前提或不足？也就是说，我们在运用这些指标的时候要心中有数才好。

（3）流动资产周转率（Current Asset Turnover）。

流动资产周转率 = 营业收入 ÷ 平均流动资产

在制造业企业，可将该指标分别拆分为原材料、在产品和产成品的周转率指标。

原材料周转率＝原材料耗用的成本÷原材料平均余额

在产品周转率＝制造成本÷在产品平均余额

产成品周转率＝销售成本÷产成品平均余额

流动资产最主要的特点就是易变现或耗用，流动资产的产生与营业收入密切相关。该指标可以衡量流动资产创造收入的能力。

（4）固定资产周转率（Fixed Asset Turnover）。

固定资产周转率＝营业收入÷平均固定资产原值

固定资产可以分类为生产经营用、非生产经营用、未使用和不需用固定资产，当然，生产经营用固定资产占比越大，固定资产的利用效率就越高。固定资产周转率指标可以衡量企业固定资产创造收入的能力，反映管理层对固定资产运营能力和利用效率的高低。

有的教材以平均固定资产净值来计算该指标，这样就容易产生这样一种情况：随着折旧的提取，固定资产净值逐年减少，在销售收入一定的条件下，该指标逐年增加，显然这是不恰当的。

（5）总资产周转率（Total Asset Turnover）。

总资产周转率＝营业收入÷平均资产余额

该指标可以反映企业资产总体产生收入的能力，也可以衡量企业管理层对整体资产的运营能力。当然，由于分母是资产总体，该指标是一个非常粗略的评价。

另外，由于资产可以分类为经营性资产和投资性资产，投资性资产是不会产生营业收入的，因此，在企业对外投资规模较大时，为了避免对该指标的扭曲，平均资产余额应剔除这些投资性资产。

（6）应付账款周转率。

应付账款周转率 = 营业成本 ÷ 应付账款和应付票据平均余额

德国和美国将应付账款周转率作为一项风险控制指标，相比较而言，我国资本市场几乎很少有涉及该指标的应用和考核。我国企业对应付账款的重视程度还不够，恶意拖欠货款的情形比比皆是。

应付账款周转率反映了企业归还供应商货款的效率，这一指标能够揭示企业的诚信、财务状况及其在产业价值链中所处的地位。应付周转率越慢的公司其应付账款流动性越弱，还款的速度也就越慢；这表示公司占用的供应商货款时间长，还款能力差（耿建新，2013）。

同样，还可以计算出应付账款周转天数指标：

应付账款周转天数 = 付款期 = 平均应付账款和应付票据余额 ÷ 日均营业成本

付款期的变动主要源于供应商改变了信用期限，而不考虑企业提前付款以获得折扣和延迟付款的情况①。

（7）营运资金周转率。

营运资金周转率 = 营业收入 ÷ 营运资金

营运资金（Working Capital） = 流动资产 - 流动负债

营运资金周转率表明企业营运资本的经营效率，反映每投入一元营运资本所能获得的销售收入，同时也反映了每年每一元销售收入需要配备多少营运资金。一般而言，营运资本周转率越高，说明每一元营运资本所带来的销售收入越多，企业营运资本的运用效率也就越高；反之，营运资本周转率越低，说明企业营运资本的运用效率越低。同时营运资本周转率还是判断企业短期偿债能力的辅助指标。

同理：

营运资金周转天数 = 存货周转天数 + 应收账款周转天数 - 应付账款周转天

---

① 耿建新．关于设置与考核应付账款周转率指标的建议〔J〕．会计研究，2013.

数 + 预付账款周转天数 – 预收账款周转天数

需要注意的是，营运资金周转率与毛利率是企业盈利能力的两个方面，也就是说 $\int$ 盈利 $\propto$（毛利率×周转率），在分析中不可偏废。

不存在衡量营运资本周转率的通用标准，只有将这一指标与企业历史水平，其他企业或同行业平均水平相比才有意义。但通过比价，可以说，如果营运资本周转率过低，表明营运资本使用率太低，即相对营运资本来讲，销售不足，有潜力可挖；如果营运资本周转率过高，则表明资本不足，处于业务清偿债务危机之中。

4.3.3　盈利能力指标

企业的目标就是生存、发展和获利。可以说，企业盈利能力是企业报表使用者最关心的事情。具体来说，除了关心收益的大小之外，报表使用者还关心利润的可持续性或者稳定性，通过对稳定性高或者持续性能力强的本期收益评价来对未来收益水平做出预测。

结合利润表及其构成项目，可看到，营业收入、营业成本和营业税金及附加三个项目具有因果和时间上配比的特征；管理费用、营业费用和财务费用属于期间费用性质，在时间上与上述项目具有配比性；上述项目由于基本准则中收入、费用定义的日常活动特征而具有较强的可持续性和稳定性。上述项目之外的其他利润表项目，属于利得或损失项目而以净额列示于利润表，具有偶发性、非经常性或者暂时性特征，因此，这些项目的持续性或可预期性较差。

评价企业盈利能力的指标，主要有：

（1）营业毛利率（Gross Profit Margin）。

营业毛利率 = 营业毛利 ÷ 营业收入 × 100%

　　　　　= （营业收入 – 营业成本）÷ 营业收入 × 100%

　　　　　= （1 – 营业成本 ÷ 营业收入）× 100%

　　　　　= 1 – 成本率

根据菲利普·科特勒的4P营销组合理论，产品作为最核心的因素，与价格、渠道和促销一起，构成了营销理论下的"4P"营销策略组合。在现代营销实践中，许多营销人员已习惯将除产品之外的其他三个因素看作广义产品的构成因素，即广义产品概念。从这个概念来讲，毛利率就成为反映广义产品竞争力的主要指标之一。

营业毛利率指标和销售额指标一起，成为大多数公司对销售人员考核的一般做法。从财务会计角度来看，毛利率等于营业毛利除以营业收入，其中营业毛利等于营业收入减去营业成本与营业税金之和的差值。从财务会计角度来看，在利润表中，毛利实际上构成了利润表中第一层次的利润指标，不仅直接影响了营业收入的利润含量，而且决定了企业在研究开发和广告促销方面的投入空间（黄世忠，2007）。这说明，毛利是反映一个公司产品获利能力的最初始的指标，反映了市场对公司产品的认可和接受程度，同时也提供了公司获取净利润的获利和未来的发展空间。

在激烈的竞争环境下，企业的可持续发展在很大程度上取决于企业的产品质量和产品品牌。毛利率越高，不仅表明企业所提供的产品越高端，也表明企业可用于研究开发以提高产品质量、可用于广告促销以提升企业知名度和产品品牌的空间越大。而研究开发和广告促销的投入越多，企业就可以培育更多的利润增长点，从而确保企业发展的可持续性。

在商业实践中，除了毛利率指标之外，商务人士还喜欢用一种加价率指标来反映在不同的分销层级价格加成的情况。我们需要区分毛利率与加价率含义的不同。一般来说，毛利率小于1，而加价率大于1。许多商务人士所称的其公司产品的利润率高达百分之三百多，实质上是指加价率指标而言的利润率。

加价率 =（销售收入 − 销售成本）÷ 销售成本

= 销售收入 ÷ 销售成本 − 1

（2）核心利润率。

2006年度的会计改革，利润表中的营业利润包括了资产减值损失、公允价值变动收益和投资收益三个利得（或损失）项目；财会〔2017〕30 号文又添加了资产处置收益和其他收益两个项目（因为《持有待售资产、资产组和终止经营》和《政府补助》两个准则的发布与修改）；财会〔2018〕15 号文在执行新《收入准则》和金融工具系列准则之后，又增加了信用减值损失、净敞口套期收益两个项目，并对利得（或损失）项目进行了重新排序。如此，利润表中的营业利润是既包括了传统营业活动的经常性项目（收入与费用项目），这些项目产生了可以配比的持续性结果，也包括了由非日常活动产生的利得与损失项目，其外延大大拓展。营业利润与利润总额的区别就在于营业外收支项目上。

基于上述分析，为了反映营业利润中经常发生的日常活动，且持续性和稳定性都较强的收入和费用项目形成的结果，我们将这些收益产生的结果称之为核心利润，将其与营业收入对比，可以反映企业取得的营业收入中最具有持续性和稳定性的利润占比，即核心利润率。

核心利润率 = 核心利润 ÷ 营业收入 × 100%

= （营业收入 – 营业成本 – 税金及附加 – 四项期间费用）÷

营业收入 × 100%

【思考题】

核心利润与扣除非经常性损益后的净利润（简称"扣非利润"）有何异同？

（3）营业利润率（Operating Profit to Sales Ratio）。

营业利润率 = 营业利润 ÷ 营业收入 × 100%

对该指标的理解，要严重依赖于对利润表中营业利润概念演变的理解。

随着人类经济活动中的市场化程度不断提高，竞争越来越激烈，新商业模式、新业态和产品创新层出不穷，作为市场主体的企业已很难再靠一种单一产品包打天下；更由于竞争环境剧烈变化使得企业更加关注其自身风险，尤其是金融风险，这就需要传统企业进行全面风险管理。因此，营业活动中自然而然地包含了有关筹资和投资活动以保障企业的正常生产经营活动，由此产生的利得（或损失）部分被计入营业的范畴，即一种"大营业"概念。

实际上，对该指标的计算，应当紧密结合利润表的结构分析法来研判企业的盈利能力与利润的可持续性。最基本的是需要关注营业利润中的收入（和费用）与利得（或损失）的结构。

【思考题】

营业利润中的"营业"与现金流量表中经营活动中的"经营"含义一致吗？

（4）营业净利率（Net Profit Margin）。

营业净利率＝本期净利润÷营业收入×100%

有的教材也称之为销售净利率。用来反映营业收入带给企业净利润的能力。当然，结合对利润表中营业利润的演变及构成分析，理论上也有可能产生净利润主要由利得而来的情况，这样，这个指标就被严重扭曲。

很显然，上述四个指标，分别反映了利润表中净利润数字形成的四个层次。

（5）资产报酬率（Return on Total Asset，ROA）。

资产报酬率＝息税前利润总额（EBIT）÷平均资产额×100%

对该指标的深入理解，应结合技术经济学中的全投资报酬率概念。全投资报酬率，是在假设不考虑负债的情况下，项目总体（即项目形成的资产总体）的获利能力。具体来说，在不考虑企业财务结构和税收等非经营因素的前提下，该指标是对企业利用现有资源（资产）来创造价值的能力。

实践中，为了方便，许多分析也运用到资产净利率指标，即：

资产净利率＝净利润÷平均资产总额×100%

该指标反映资产创造净利润的能力，但该指标相比较总资产报酬率指标而言，由于考虑了利息费用和所得税费用因素，使得该指标被低估。

（6）净资产报酬率（Return on Owners Equity，ROE）。

净资产报酬率＝净利润÷平均净资产×100%

净资产报酬率，也称净资产利润率。该指标是反映净资产创造净利润的能力，也反映了企业对所有者的回报水平。该指标实质上是技术经济学科中的自有资金报酬率，即在偿还了当期债务之后，所有者因投入资本所获得的报酬率。

具体来说，对于上市公司来说，还可以表达为：

股东权益报酬率 = 可供普通股股份分配的净利润 ÷ 平均普通股股东权益 ×100%。

【思考】

最佳负债水平、资产报酬率（ROA）与净资产利润率（ROE）指标间的关系。

提示：

总资产报酬率（ROA）= 息税前利润总额 ÷ 平均资产额 ×100%

净资产报酬率（ROE）= 净利润 ÷ 平均净资产

息税前利润 = 利润总额 + 利息费用，即：$EBIT = G.P + I.E$；

净利润 = 利润总额 × （1 - 所得税率），即：$N.P = G.P(1 - T)$；

$$\therefore ROA = \frac{EBIT}{A} = \frac{G.P + I.E}{A}$$

$$\therefore ROE = \frac{N.P}{O.E} = \frac{G.P(1 - T)}{O.E}$$

$$= \frac{(ROA \times A - I.E)}{O.E} \times (1 - T)$$

$$= \frac{[ROA \times (L + O.E) - L \times i\%]}{O.E} \times (1 - T)$$

其中，A 为资产，L 为负债，O.E 为所有者权益，I.E 为利息费用，N.P 为净利润，G.P 为利润总额，i% 为债务成本率，T 为所得税率。

$$ROE = \left(ROA \times \frac{L}{O.E} + ROA - \frac{L}{O.E} \times i\% \right) \times (1 - T)$$

因此，最后结果为：

$$ROE = \left(ROA + \frac{L}{O.E}(ROA - i\%) \right) \times (1 - T)$$

大家看看，该公式是不是与资本资产定价模型①（CPAM）很像！

此公式的理论价值在于，该公式可以回答我们：ROA 与 ROE 的关系以及一个企业的最佳负债水平多少为宜！

可以看到，当 ROA > i% 时，即当企业的资产报酬率超过债务成本时，负债越多，ROE 越大，此时就产生了"借鸡下蛋"的正杠杆效应；而当 ROA < i% 时，即企业的资产报酬率小于债务成本时，负债越多，ROE 越小，此时就产生了企业为银行"打工"的负杠杆效应。这样，就能理解为什么像格力电器这样的集团资产负债率2017～2019年三年平均在 67% 较高水平上的原因了。而一般教材中所流传的所谓 50% 最佳负债水平就远远脱离实际了！

ROE 指标在实际应用中，应该注意如下几点：

1）还需要关注非经常性损益的影响。扣除非经常性损益后的净利润（NI Before XO Items）会更真实地反映真正的运营盈利，提高盈利预测的可靠性。

2）如上述公式所述，有些企业会通过提高资产负债率从而提升 ROE，因此高杠杆高负债的行业 ROE 会更高。不要仅仅盯住高 ROE 而忽略了公司的高负债，掉进陷阱。

3）ROE 高不代表盈利能力强。部分行业由于不需要太多资产投入，即所有者权益金额较小，所以通常都有较高的 ROE，例如咨询公司。有些资本密集型行业需要投入大量基础建筑才能产生盈利，例如炼油厂。所以，不能单以 ROE 判定公司的盈利能力。一般而言，资本密集行业的进入门槛较高，竞争较少，ROE 较低；相反地，高 ROE 但轻资产的行业则较易进入，而面对较大竞争。因此 ROE 应该用在相同产业的不同公司之间的比较。

4）ROE 的缺点在于没有考虑财务杠杆因素，建议通过采用 ROE 的杜邦分析

---

① 资本资产定价模型可表示为：$E(r_i) = r_f + \beta_{im}(E(r_m) - r_f)$。说明：a. 单个证券的期望收益率由两个部分组成，无风险利率以及对所承担风险的补偿 - 风险溢价。b. 风险溢价的大小取决于 β 值的大小。β 值越高，表明单个证券的风险越高，所得到的补偿也就越高。c. β 度量的是单个证券的系统风险，非系统性风险没有风险补偿。

视角进行全面分析。

杜邦分析视角下的 ROE 指标：

ROE = 销售净利率 × 资产周转率 × 权益乘数

（7）成本费用利润率（Ratio of Profits to Cost and Expense）。

成本费用利润率 = 利润总额 ÷ 成本费用总额

成本费用利润率是企业一定期间的利润总额与成本、费用总额的比率。其中，成本费用总额 = 营业成本 + 营业税金及附加 + 销售费用 + 管理费用 + 财务费用 + 研发费用。

该指标说明了每付出 1 元的成本费用代价可以获得的利润是多少，体现了一种绩效对比。一般认为，该项指标越高，利润就越大，反映企业的经济效益越好。但也需要注意，在影响营业利润的影响因素中，除了营业收入和成本费用因素之外，还有七项利得（或损失）项目；在营业利润之外还有营业外收支项目影响着利润总额。因此，成本费用利润率指标较高，有可能是七项利得带来的结果；如果较低，也可能是七项损失带来的结果。该指标难以反映会计主体的"财务真实"。

4.3.4　现金流指标

"现金为王"。现金如同一个企业的"血液"，在经济全球化和商业模式、产品创新、制度创新的当今世界，企业全面风险管理更是注重对现金的管理。由于权责发生制的影响，收入、成本费用的确认与现金的收支就发生了偏离，这种偏离严重的会造成一些企业净利润很大，却没有足够的现金来支撑公司实际运营。许多公司的破产便是由此而引起。因此，企业取得了收入或净利润，是否有足够的或者合理的现金流作支撑，对这个信息的反映就变得非常重要，这就是收入和利润质量问题。

常见的现金流指标如下：

（1）收入的现金含量指标。

收入净现率＝经营活动现金净流量÷营业收入

该指标反映了每一元营业收入所能带来的经营活动现金净流量的多少，进而反映出收入的现金含量，即收入质量。

该指标按层次又可以细化为如下两个指标：

收入收现率1＝销售活动现金流入量÷营业收入

收入收现率2＝经营活动现金流入量÷营业收入

（2）利润的现金含量指标。

实践中，反映利润现金含量的指标有：

经营活动现金净利比＝经营活动现金净流量÷净利润

现金净利比＝现金净流量÷净利润

净利润是权责发生制核算的结果，而经营活动现金净流量和现金净流量以收付实现制为基础调整的结果。归根结底，净利润要以现金流作支撑才有实际意义。因此，上述两个指标分别考察了净利润的现金含量问题。

本教材始终认为，对指标的理解决不能脱离相应的报表项目及项目间的逻辑和数据关系。对利润的现金含量来说，在报表附注中专门有将净利润调整为经营活动现金净流量的附表，这对我们理解上述指标很是重要。

我们不妨对该调节表进行更进一步的总结，如表4－5所示。

表4－5　应计利润的构成

净利润	应计利润的构成
加：资产减值准备	减值、折旧（折耗）和摊销
固定资产折旧、油气资产折耗、生产性生物资产折旧	
无形资产摊销	
长期待摊费用的摊销	
处置固定资产、无形资产和其他长期资产的损失	资产处置损失
固定资产报废损失	

续表

净利润	应计利润的构成
公允价值变动损失	公允价值变动
财务费用	筹资活动的利息费用等
投资损失	投资活动的投资损失
递延所得税资产的减少	递延所得税影响
递延所得税负债的增加	
存货的减少	经营性非现金流动资产
经营性应收项目的减少	
经营性应付项目的增加	
其他	其他
经营活动产生的现金流量净额	

上述将净利润调整为经营活动净现金流的过程，实质上反映了净利润、经营活动净现金流和应计利润（Accruals）的关系。即：

净利润＝经营活动净现金流＋应计利润

将上式代入"经营活动现金净利比＝经营活动现金净流量÷净利润"，便可得到：

经营活动现金净利比＝1－应计利润/净利润

当然，应计利润与净利润的比值，可反映出企业对利润的应计程度，当然也反映了企业会计弹性的大小。该弹性越大，表明应计程度越高，企业盈余管理的程度也就越大，利润的现金含量就较小。

当然，现金净利比可以变形为：

现金净利比＝每股净现金÷每股收益

每股净现金流量＝现金净流量÷普通股股数

每股经营活动现金净流量＝经营活动现金净流量÷普通股股数

【问题与探讨】

表4-6是格力电器和美的集团的净利润、应计利润和经营活动现金净流量

数据，并据以算出了经营活动现金净利比指标。该如何看待两家公司指标的不同及其利润质量？

表4-6　2016~2018年格力电器与美的集团利润指标对比　　　单位：元

格力电器	2018 年	2017 年	2016 年
净利润	26,379,029,817.06	22,508,599,044.09	15,566,453,677.60
应计利润	−561,761,725.92	6,150,060,796.26	706,501,570.68
经营活动现金净流量	26,940,791,542.98	16,358,538,247.83	14,859,952,106.92
经营活动现金净利比	102%	73%	95%
美的集团	2018 年	2017 年	2016 年
净利润	21,650,419,000.00	18,611,190,000.00	15,861,912,000.00
应计利润	−6,210,661,000.00	−5,831,433,000.00	−1,083,3097,000.00
经营活动现金净流量	2,786,1080,000.00	24,442,623,000.00	26,695,009,000.00
经营活动现金净利比	129%	131%	168%

（3）资产质量指标。

资产现金含量比率 = 经营活动现金净流量 ÷ 平均资产余额

拥有或控制资产的最终目的就是获得未来经济利益的流入。资产能够带来未来现金流的大小就是资产的现金含量，也反映了资产的财务质量。该指标越大，说明企业资产整体质量越好，反之则差。

当然，该指标应当与资产的结构分析相结合，以综合反映资产的总体现金含量水平。

（4）现金负债比。

净现金流动负债比 = 经营活动现金净流量 ÷ 流动负债

净现金负债比 = 经营活动现金净流量 ÷ 平均负债余额

流动比率、速动比率是在权责发生制基础上计算出的反映短期偿债能力的指标，但如果企业非现金性流动资产的现金含量偏低，那就需要考察现金负债比指标，以全面反映企业的偿债能力。

净现金流动负债比，是企业一定时期的经营现金净流量（Operating Net Cash Flow）同流动负债的比率，它可以从现金流量角度来反映企业当期偿付短期负债的能力。

有的教材认为，经营活动现金净流量＝息前税后利润＋折旧与摊销。结合现金流量表的附注信息中的调节表（将净利润调节为经营活动现金流量净额），来说说这个公式的不足之处！

（5）现金购销比率。

现金销购比＝销售商品、提供劳务收到的现金÷购买商品、接受劳务支付的现金

该指标反映了收付实现制基础下的现金投入与产出比。这一比率可以与利润表中的营业成本率（营业成本/营业收入，或1－毛利率）相比对。当然，现金销购比大于1，说明当期的现金流情况处于较好情况；小于1，说明现金采购活动占用了更多的现金流，在商品购销层面上当期现金流"入不敷出"。此指标应结合毛利率或营业成本率指标来全面分析与反映。

（6）经营现金流量结构比。

经营现金流量比率＝经营活动现金净流量÷现金净流量总额×100%

经营活动、投资活动和筹资活动带来的现金净流量的比重反映了三类活动给企业的现金流的贡献，因此，该指标反映经营活动带来的净现金流占现金净流量的比重。

（7）现金到期债务比。

现金到期债务比＝经营活动现金净流量÷（本期到期债务＋利息支出）

该指标是企业的经营活动现金净流量对偿还到期债务和利息需要的满足程度。

该比率越大，企业偿付到期债务的安全性越高；如果比率小于1，表明企业经营活动产生的现金不足以偿付到期债务本息，这个时候，企业必须依靠投资活

动（变卖固定资产等）与筹资活动（借新债等）的现金流入才能偿还债务。

4.3.5 上市公司的指标

（1）每股收益（Earnings Per Share，EPS）。

每股收益 = 净利润 ÷ 普通股股数

每股收益，又称每股税后利润、每股盈余，指净利润与股本总数的比率。是普通股股东每持有一股所能享有的企业净利润或需承担的企业净亏损。每股收益通常被用来反映企业的经营成果，衡量普通股的获利水平及投资风险，是投资者等信息使用者据以评价企业盈利能力、预测企业成长潜力，进而做出相关经济决策的重要的财务指标之一。在利润表中，要在最底部列示"基本每股收益"和"稀释每股收益"项目。

由于该指标的分母是外发普通股的数量，而不同股票的每一股在经济上是不等量的，即每股所代表的净资产和市价也是不同的，因此，这样的特点限制了每股收益在不同公司间的比较。另外，每股收益多不一定意味着分红就多，还要看股利分配政策，即股利支付率指标的大小。

基本每股收益 = 归属于普通股股东的当期净利润 ÷ 当期发行在外普通股的加权平均数

从上述公式和分析可以看出，公司想要提高每股收益，除了提高当期净利润之外，还可以通过回购库藏股的方式减少外发普通股的数量来达到目的。

【例题】

该公司 2007 年度归属于普通股股东的净利润为 25，000 万元。2006 年末的股本为 8，000 万股，2007 年 2 月 8 日，以截至 2006 年总股本为基础，向全体股东每 10 送 10 股，总股本变为 16，000 万股。2007 年 11 月 29 日再发行新股 6，000 万股。

按照新会计准则计算该公司 2007 年度基本每股收益：

基本每股收益 = 2, 5000 ÷ （8, 000 + 8, 000 × 1 + 6, 000 × 1/12） = 1.52

（元/股）

实践中，上市公司常常存在一些潜在的可能转化成上市公司股权的工具，如可转债、认股期权或股票期权等，这些工具有可能在将来的某一时点转化成普通股，从而减少上市公司的每股收益，这就是"稀释"。

稀释每股收益，即假设公司存在的上述可能转化为上市公司股权的工具都在当期全部转换为普通股股份后计算的每股收益。相对于基本每股收益，稀释每股收益充分考虑了潜在普通股对每股收益的稀释作用，以反映公司在未来股本结构下的资本盈利水平。

【举例】

某上市公司 2008 年归属于普通股股东的净利润为 20, 000 万元，期初发行在外普通股股数 10, 000 万股，年内普通股股数未发生变化。2008 年 1 月 1 日，公司按面值发行 20, 000 万元的三年期可转换公司债券，债券每张面值 100 元，票面固定年利率为 2%，利息自发放之日起每年支付一次，即每年 12 月 31 日为付息日。该批可转换公司债券自发行结束后 12 个月以后即可以转换为公司股票。转股价格为每股 10 元，即每 100 元债券可转换为 10 股面值为 1 元的普通股。债券利息不符合资本化条件，直接计入当期损益，所得税税率为 33%。

假设不考虑可转换公司债券在负债和权益成分上的分析，且债券票面利率等于实际利率，2008 年度每股收益计算如下：

基本每股收益 = 20, 000/10, 000 = 2 （元）

假设转换所增加的净利润 = 20, 000 × 2% × （1 - 33%） = 268 （万元）

假设转换所增加的普通股股数 = 20, 000/10 = 2, 000 （万股）

增量股的每股收益 = 268/2, 000 = 0.134 （元）

增量股的每股收益小于基本每股收益，可转换公司债券具有稀释作用：

稀释每股收益 = （20, 000 + 268） / （10, 000 + 2, 000） = 1.689 （元）

注：全面摊薄法，全面摊薄法就是用全年净利润除以发行后总股本，直接得出每股净利润。

注：加权平均法，在加权平均法下，每股净利润的计算公式为：每股净利润 = 全年净利润/（发行前总股本数 + 本次公开发行股本数 × （12 - 发行月份）/12 + 回购股本数 × （12 - 回购月份）/12）。

（2）每股净资产（Book Value Per Share，BVPS）。

每股净资产 = 股东权益总额 ÷ 普通股股数

每股净资产，又称每股账面价值，是指公司净资产与发行在外的普通股股份之间的比率。这一指标反映每股股票所拥有的净资产价值，是支撑股票市场价格的重要基础。每股净资产值越大，表明公司每股股票代表的财富越雄厚，通常创造利润的能力和抵御外来因素影响的能力越强。

对于投资者来说，每股净资产是投资决策的重要参考依据。利用该指标进行横向和纵向对比，可以衡量公司的发展状况的好坏和发展潜力的大小，估计其上市股票或拟上市股票的合理市价，判断股票投资风险的大小。

如果每股净资产大于股票的市价，我们称这种股票为"破净股"。投资者一般会认为这个企业没有前景，从而失去对该公司股票的兴趣，但也存在着股票市值被严重低估的可能而存在着投资机会。

（3）股票市盈率（Price Earnings Ratio，PE 或 P/E）。

市盈率 = 股票价格 ÷ 每股收益

市盈率 = 公司市值 ÷ 净利润

市盈率是投资者所必须掌握的一个重要财务指标。以市盈率的高低来评价股票的投资价值，已成为中国股市的一种趋势。市盈率是最常用来评估股价水平是否合理的指标之一。一般情况下，一只股票市盈率越低，表明投资回收期越短，投资风险就越小，股票的投资价值就越大；反之则结论相反。

我们注意到，市盈率的倒数，就是该股票的投资报酬率，因此，市盈率指标一般也被用来衡量投资价值的大小。当然，也不要过分看重市盈率指标对投资价值评估的作用。

市盈率分为静态市盈率与动态市盈率。静态市盈率被广泛谈及也是人们通常所指，但更应关注与研究动态市盈率。

静态市盈率 = 普通股每股市场价格 ÷ 普通股每年每股盈利

上式中的分子是当前的每股市价，分母可用最近一年盈利，也可用未来一年或几年的预测盈利。

动态市盈率（PEG）= 静态市盈率 × 动态系数

动态系数 = $1/(1+i)^n$，其中 n 为可持续的增长期间数，i 为增长率。

【例题】

上市公司目前股价为 20 元，每股收益为 0.38 元，静态市盈率为 53 倍。去年同期每股收益为 0.28 元，成长性为 35%，即 i = 35%，假设该企业未来保持该增长速度的时间可持续 5 年，即 n = 5，则动态系数为 $1/(1+35\%)^5 = 22\%$。相应地，动态市盈率为 52 × 22% = 11.6 倍。

市场广泛谈及的市盈率通常指的是静态市盈率，这给投资人的决策带来了许多盲点和误区。毕竟过去的并不能充分说明未来，而投资股票更多的是看未来。而动态市盈率理论告诉我们：投资股市一定要选择有持续成长性的公司。

（4）市净率（Price – to – Book Ratio，P/B）。

市净率 = 股票价格 ÷ 每股净资产

股票净值是股市投资最可靠的指标，投资者更应注意股价与每股净值的关系，而不是人们通常使用的 PE 指标[1]。

股票净值是决定股票市场价格走向的主要根据。上市公司的每股内含净资产值高而每股市价不高的股票，即市净率越低的股票，其投资价值越高。相反，其

---

[1] 1990 年诺贝尔经济学奖的美国著名财务金融学家哈里·马科维茨教授。

投资价值就越小，但在判断投资价值时还要考虑当时的市场环境以及公司经营情况、盈利能力等因素。

市净率可用于投资分析。每股净资产是股票的本身价值，它是用成本计量的，而每股市价是这些资产的现在价格，它是证券市场上交易的结果。市价高于价值时企业资产的质量较好，有发展潜力，反之则资产质量差，没有发展前景。

市价低于每股净资产的股票，被称为"破净股"，当然，这样的股票也不是没有购买价值，问题在于该公司今后是否有转机，或者购入后经过资产重组能否提高获利能力，比值越低意味着风险越低。

【探讨】

市盈率与市净率的关系。

（5）每股股利（Dividend Per Share，DPS）。

每股股利＝股利总额/流通股数

每股股利是公司股利总额与公司流通股数的比值。股利总额是指扣除优先股股利后的数额。每股股利反映的是上市公司每一普通股获取股利的大小。

需要注意的是，影响上市公司每股股利发放多少的因素，除了上市公司获利能力大小以外，还取决于公司的股利发放政策。另外，还需要区别每股股利与每股收益，每股收益是企业每一普通股所能获得的利润，但企业实现的净利润一般需要根据规定或董事会决议，先要划定资本公积、公益金、盈余公积和优先股股利之后，才能派发股利。

（6）股利支付率（Dividend Payout Ratio）。

股利支付率＝每股股利÷每股净收益

股利支付率＝股利总额÷净利润总额

可以看出，股利支付率＋利润留存率（Retention Ratio）＝1。

由于企业所获利润并不会全部用于支付股利，所以每股股利通常低于每股收益，那么，收益中有多少用于发放股利，有多少作为留存收益用于企业自我积累和发展，这都取决于企业的股利政策。当然，在有些年份，如果企业经营状况不佳，税后利润不足支付股利，或经营亏损无利润可分时，为保持投资者对企业及其股票的信心，按照规定，公司还可按一定比例由历年积存的盈余公积金补足，或在弥补亏损以后发放。这时候，每股收益为负，但每股股利却依旧存在。

股息发放率高低要依据各公司对资金需要量的具体状况而定。股息发放率高低取决于公司的股利支付策略，公司要综合考虑经营扩张资金需求、财务风险高低、最佳资本结构来决定支付股利的比例。

4.4　比较分析

可以说，结构分析法、变动趋势分析法和财务比率指标分析法，均是一种比较分析方法。结构分析是将系统整体的构成项目和整体做比较，以反映整体的结构构成情况；趋势分析法是将当期数据与上一期或基期数据进行比较，以反映该项目的增长变化情况；财务比率指标分析方法是将两个相互关联的项目进行比较，以反映事物某一层面或角度的特征的分析方法。很显然，要进行比较，就应该遵循事物比较所应有的基本规则。

4.4.1　比较的作用及分类

"天若无雪霜，青松不如草。地若无山川，何人重平道①。"世间万物，相克相生，相依相持。正因为联系是普遍的，所以在实际工作中，就必须用普遍联系的观点观察和分析问题，同时要反对片面、孤立地看待问题。

"比较出真知"。比较作为一种有益的分析方法，有利于充分显示事物的矛

---

① "天若无雪霜，青松不如草。地若无山川，何人重平道。一日天无风，四溟波尽息。人心风不吹，波浪高百尺"——唐唐备《无题二首之一》。

盾，突出被表现事物的本质特征。

根据不同的标准，我们可以把比较分析法作如下分类。

第一，按属性的数量，可分为单向比较和综合比较。

单项比较是按事物的一种属性所做的比较。综合比较是按事物的所有（或多种）属性进行的比较，单项比较是综合比较的基础。但只有综合比较才能达到真正把握事物本质的目的。因为在科学研究中，需要对事物的多种属性加以考察，只有通过这样的比较，尤其是将外部属性与内部属性一起比较才能把握事物的本质和规律。

第二，按时空的区别，可分为横向比较与纵向比较。

横向比较就是对空间上同时并存的事物的既定形态进行比较。纵向比较即时间上的比较，就是比较同一事物在不同时期的形态，从而认识事物的发展变化过程，揭示事物的发展规律。对一些比较复杂的问题，往往既要进行纵比，也要进行横比，这样才能比较全面地把握事物的本质及发展规律。

第三，按目标的指向，可分成求同比较和求异比较。

求同比较是寻求不同事物的共同点以寻求事物发展的共同规律。求异比较是比较两个事物的不同属性，从而说明两个事物的不同，以发现事物发生发展的特殊性。通过对事物的"求同""求异"分析比较，可以使我们更好地认识事物发展的多样性与统一性。

第四，按比较的性质，可分成定性比较与定量比较。

任何事物都是质与量的统一，所以在科学研究过程中既要把握事物的质，也要把握事物的量。这里所指的定性比较就是通过事物间的本质属性的比较来确定事物的性质。定量比较是对事物属性进行量的分析以准确地制定事物的变化。

4.4.2　比较对象的选择

要进行有效地比较，比较对象或基准的选择——建立比较标准，就变得非常重要。不同的比较对象或基准，就会产生不同的比较结果，可能就会有对比较结果的不同解释和结论。因此，客观、公正、独立地选择比较对象或基准，在财务分析中就成为一个关键步骤。

不同的比较标准，可能直接导致了不同的满意度。因此，要防止片面地、孤立地看待问题，避免"幸存者偏差"和"冰山现象"，科学、合理、适当地设定比较标准，就非常关键。

一般来说，常见的可供参照的比较对象有：

➢ 和前期比，可反映其成长性；

➢ 和本企业历史最高水平比，可反映努力的空间；

➢ 和行业均值比，可反映在行业中的地位；

➢ 和国家行业标准比，可反映最起码的标准达成情况；

➢ 和市场领先者比，可反映差距；

➢ 和主要竞争对手比，可反映出竞争态势；

➢ 和预算或目标比，可反映出目标完成程度；

……

需要强调的是，进行有效地比较，需要依赖于我们对所比较事物的内在价值和规律的认识，这也是进行有效比较的前提。正因为人们对事物内在价值及其发展规律认识的不断深入，使得我们可以"寻找到"越来越好的、更有效的比较方法，以帮助我们进一步探寻财务世界的"真实"。

4.5　分解分析法

分解分析法指将一个分析对象分解为多个比较简单的事物，将大系统分解为小系统，继而分解到具体的组成要素，以期从中发现影响该对象的主要因素或者主要矛盾。另外，对分析对象进行由表及里、由此及彼、去粗取精、去伪存真的处理，从而可以对分析对象进行概括，这样使得复杂的分析对象大为简化，并保持其基本的信息量。

杜邦分析法就是财务分析中的分解分析法的具体运用。

4.5.1 杜邦分析法

杜邦分析法（DuPont Analysis）是利用几种主要的财务比率之间的关系来综合地分析企业的财务状况。其基本思想是将企业净资产收益率（ROE）逐级分解为反映不同能力的多项财务比率的乘积，这样有助于深入分析比较企业经营业绩。由于这种分析方法最早由美国杜邦公司使用，故名杜邦分析法。

杜邦模型最显著的特点是将若干个用以评价企业经营效率和财务状况的比率按其内在联系有机地结合起来，形成一个完整的指标体系，并最终通过权益收益率来综合反映。采用这一方法，可使财务比率分析的层次更清晰、条理更突出，为报表分析者全面仔细地了解企业的经营和盈利状况提供方便。

杜邦分析法有助于企业管理层更加清晰地看到股东权益报酬率的决定因素，进一步厘清销售净利润与总资产周转率、债务比率之间的相互关联关系，给管理层提供了一张明晰的考察公司资产管理效率和是否最大化股东投资回报的路线图。

从图4-4可以看出，杜邦分析法是股东价值最大化的体现。在股东价值最大化目标指引下，将该目标由粗到细逐渐分解为资产获利能力×杠杆系数（第一层次）和销售获利×资产周转能力×杠杆系数（第二层次），最后细化到资产负债表和利润表（第三层次）。这实质上是一种分解法的应用。

4.5.2 杜邦分析法的拓展

也有学者采用了杜邦分析法的基本思想，融入了现金流量表中的经营活动现金流指标，发展出以每股收益（EPS）为分析起点的分析方法。这样，这种分析方法中，同时涵盖了财务报表中的资产负债表、利润表和现金流量表。这种拓展了的杜邦分析法如图4-5所示。

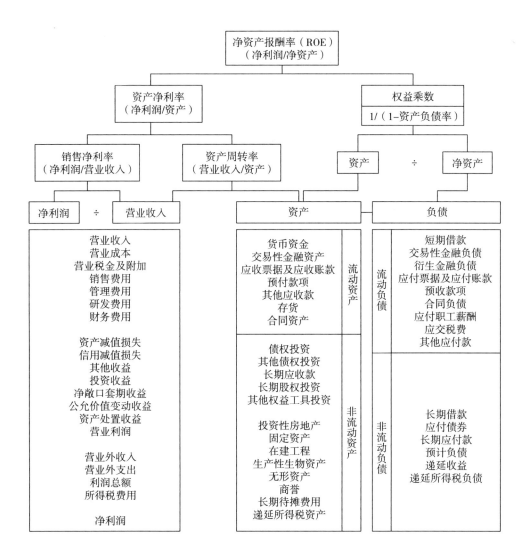

图4-4　杜邦分析法

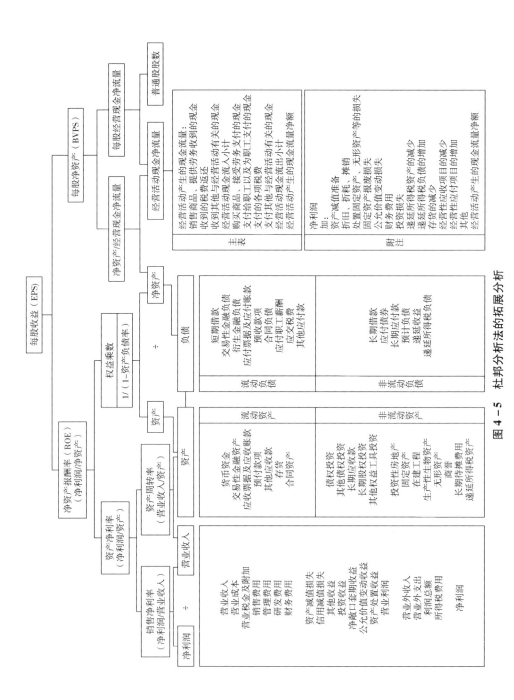

图 4 - 5　杜邦分析法的拓展分析

第5章 报表项目附注分析

【学习目标】

认识报表附注信息的重要性。

【重点与难点】

报表附注的内容；

报表附注需要关注的要点；

报表附注信息的进一步挖掘；

报表附注信息与非财务分析的互相印证。

财务指标本身存在着视角单一、易粉饰和部分指标存在内在逻辑缺陷这样的不足，这使得在财务分析中不能单纯地仅仅依赖于财务指标分析就想要了解整体的财务状况、经营成果以及现金流情况。或者说，财务指标仅仅只是一个指示性作用，还需要进一步结合报表项目进行深入分析，以避免盲人摸象、视角单一的不足。

另外，财务报表由于其格式固定，且是总括反映其价值信息，使其相关性受到相当程度的限制。而报表附注，因其反映内容具体，包含文字描述方式而使其相关性大大增强，更由于还可以对重要的表外信息进行反映，因此，报表附注的相关性在一定程度上要大于报表本身。

基于上述原因，报表分析离不开报表附注。或者说，对报表附注信息的分析与利用，本身就是报表分析的一个不可或缺的重要内容。

在对报表项目及其附注信息进行阅读时，建议结合审计学中的"认定"概念，以更好地把握分析要点或关键。审计学中的"认定"，是管理层对报表组成要素的确认、计量和列报所作出的"明示"或"暗示"，即：存在或发生、完整性、权利与义务、估价与分摊、表达和披露。

【问题】

总体审计目标、认定、具体审计目标以及审计程序，您可以完整地成体系地描述出来吗？

5.1　资产负债表项目分析要点

公司年报中一般会列示资产负债表中各项目的比较信息（年末和年初余额），在报表附注中也会对重要报表项目进行分类并列示其相应金额。

当然，也需要注意，这种附注披露，并没有固定的、一成不变的模式，而是应遵循重要性原则，完整、全面地披露相关信息，以有助于利益相关方的决策。

5.1.1　资产项目分析要点

（1）货币资金。

货币资金项目由现金、银行存款和其他货币资金构成。

需注意：

➢ 构成货币资金项目的相对比例；

➢ 其他货币资金的类型（一般有外埠存款、银行汇票存款、银行本票存款、信用卡存款、信用卡保证金存款以及存出投资款等）；

➢ 存放在境外的款项金额的大小；

➢ 货币资金期末余额中无其他因抵押、质押或冻结等对使用有限制、有潜在回收风险的款项。

（2）应收票据。

应收票据是由付款人或收款人签发、由付款人承兑、到期无条件付款的一种书面凭证。应收票据按承兑人不同分为商业承兑汇票和银行承兑汇票，按其是否附息分为附息商业汇票和不附息商业汇票。商业汇票既可以依法背书转让，也可以向银行申请贴现。

除了在附注中披露应收票据的分类及其金额外，还需要注意：

➢ 应收票据的质押情况，披露已质押应收票据的金额；

➢ 应收票据的背书或贴现情况，披露已背书或贴现但尚未到期的金额；

➢ 因出票人未履约而将应收票据转为应收账款的情况。

（3）应收账款。

除了按照准则要求，分别披露"单项金额重大并单项计提坏账准备的应收账款""按信用风险特征组合计提坏账准备的应收账款"和"单项金额虽不重大但单项计提坏账准备的应收账款"以及上述三类项目期末计提的相应坏账准备的期末和期初余额外，还需要注意：

➢ "按信用风险特征组合计提坏账准备的应收账款"中"账龄组合"中的应收账款账龄分布及其计提比例，和"无风险组合"中的应收账款及相应的坏账准备金额；

➢ 确定上述组合的依据；

➢ 本期计提、收回或转回的坏账准备情况；

➢ 实际核销的应收账款情况；

➢ 应收账款期末余额前五名的客户情况；

➢ 因金融资产转移而终止确认的应收账款；

➢ 有无转移应收账款且继续涉入形成的资产、负债情况。

（4）预付款项。

需注意：

➤ 预付款的款项性质及其金额和比重；

➤ 预付账款账龄及相应比例；

➤ 账龄超过一年的重要预付款项；

➤ 预付款项金额前五名的供应商情况。

（5）其他应收款。

其他应收款是指企业除应收票据、应收账款、预付账款、应收股利、应收利息、长期应收款等以外的其他各种应收及暂付款项。

除了按照准则要求，分别披露"单项金额重大并单项计提坏账准备的应收账款""按信用风险特征组合计提坏账准备的应收账款"和"单项金额虽不重大但单项计提坏账准备的应收账款"以及上述三类项目期末计提的相应坏账准备的期末和期初金额外，还需要注意：

➤ 其他应收款的构成及其款项性质；

➤ 逾期应收利息的情况；

➤ 其他应收款的账龄；

➤ 本期计提、收回或转回的坏账准备情况；

➤ 实际核销的其他应收款情况；

➤ 其他应收款期末余额前五名的欠款方情况（款项性质、账龄、占比、坏账准备等）；

➤ 因金融资产转移而终止确认的应收账款；

➤ 有无转移应收账款且继续涉入形成的资产、负债情况。

（6）存货。

存货是一类非常重要的流动资产。除了其期初、期末余额以外，还需要关注：

➤ 存货分类（一般按照原材料、在产品和产成品分类）；

➤ 存货跌价准备情况（存货种类、本期计提、本期转销等）；

➤ 计提存货跌价准备的具体依据及本期转回或转销存货跌价准备的原因；

➢ 存货期末余额是否含有借款费用资本化金额的情况；

➢ 存货期末余额有无建造合同形成的已完工未结算资产的情况。

（7）其他流动资产。

对其他流动资产项目来说，应注意该项目金额占比及其构成内容。

以格力电器 2018 年年报中披露的其他流动资产为例，如表 5 - 1 所示。可以看到，格力电器 2018 年其他流动资产项目占总资产的比重为 7%，2017 年为 5%。这个比重相对来讲，还是较大的。因此需要对其构成内容进行进一步关注。

表 5 - 1　2018 年格力电器其他流动资产附注

项目	期末余额	期初余额
套期工具	16,696,576.75	34,704,872.00
理财产品	833,000,000.00	3,900,000,000.00
结构性存款	14,148,400,000.00	5,084,843,183.84
待抵扣进项税及预缴税费	2,112,824,647.14	1,322,364,521.00
合计	17,110,921,223.89	10,341,912,577.00

（8）可供出售金融资产。

➢ 可供出售金融资产的分类（Breakdown）——可供出售权益工具和可供出售债务工具；

➢ 期末按公允价值计量的可供出售金融资产；

➢ 期末按成本计量的可供出售金融资产（被投资单位名称、持股比例等）；

➢ 可供出售金融资产减值情况；

➢ 本期有无可供出售权益工具期末公允价值严重下跌或非暂时性下跌的情况。

（9）长期股权投资。

在合并报表中的长期股权投资项目，需要关注：

➢ 被投资单位按照合营企业和联营企业分类列示；

➢ 长期股权投资本期增减变动原因及其金额（追加或减少投资、权益法下确认的投资收益、其他综合收益调整、其他权益变动、宣告发放现金股利、计提减值准备等原因）；

➤ 合营或联营企业的收购情况；

➤ 持股比例高于 50% 但不具有控制权的情况。

（10）投资性房地产。

➤ 对投资性房地产的计量模式及在此模式下的分类和价值增减变动情况；

➤ 由在建工程转入投资性房地产的情况；

➤ 本期累计折旧增加数中，由计提或摊销以及合并等其他原因引起的变动情况；

➤ 房屋建筑物未办妥产权证书的情况。

（11）固定资产。

报表中的固定资产项目由固定资产和固定资产清理两个项目构成。

➤ 固定资产的分类（一般分为房屋建筑物、机器设备、运输设备、电子设备、其他）；

➤ 固定资产原值本期变动原因及金额（增加原因有购置、在建工程转入、合并等原因；减少原因有处置或报废等）；

➤ 累计折旧本期变动原因及金额（增加原因有计提折旧和合并等；减少原因有处置或报废等）；

➤ 房屋建筑物未办妥产权证书的情况；

➤ 有无暂时闲置的固定资产；

➤ 有无融资租入的固定资产；

➤ 有无经营租出的固定资产。

对固定资产的分析，需要注意固定资产与在建工程的关系、与产品产量以及营业收入的关系。另外，还需要关注固定资产构成中的"隐蔽工程"量的大小。

（12）在建工程。

➤ 在建工程基本情况（在建工程项目名称、期末期初金额、本期变动金额及减值情况）；

> 重要在建工程项目变动情况；

> 本期转入固定资产或投资性房地产的金额；

> 无在建工程减值情况及利息资本化情况。

（13）无形资产。

> 无形资产的构成；

> 无形资产本期变动原因及金额（增加原因有外购、合并等原因）；

> 累计摊销本期变动原因及金额（增加原因有摊销和合并等）；

> 未办妥产权证书的无形资产；

> 外购增加的重要无形资产说明（如格力电器的外购增加的无形资产 – 专利技术及其他为"配额许可权利"）。

（14）商誉。

根据准则规定，我们知道，资产负债表中所列示的商誉，均是来自非同一控制下的企业合并。出现在合并资产负债表中的商誉，是由于非同一控制下的控股合并而产生；出现在资产负债表这个个别报表中的商誉，是因为非同一控制下的吸收合并而产生。

商誉因其不可辨认性而属于一类特定资产。具体来说，商誉因非同一控制下的企业合并而产生，其金额应该等于合并对价与被购买方可辨认净资产公允价值份额的差额。因此，可以说，商誉是将被购买方以前未确认的相关资源通过并购这种市场交易以价差的形式固定了下来，但这个"价格包"里，到底有什么内容，因其不可辨认而导致谁也说不清楚，所以，这个统称的"资源包"被称为商誉，其最大的特点就是不可辨认性。因此，在披露上，要特别关注相关合并事项和商誉减值情况。具体有：

> 商誉形成事项或被投资单位名称；

> 事项说明；

➤ 商誉资产组及减值测试说明。

【举例】

格力电器说明如下：

本公司结合与商誉相关的能够从企业合并的协同效应中收益的资产或资产组进行商誉减值测试，由于较难直接获得包含商誉的资产或资产组的市场公允价值，因此采用预计未来现金流现值的方法计算资产组的可收回金额。其预计现金流量根据资产或资产组未来现金流量预测为基础，根据历史实际经营数据、行业发展趋势、产能规划、预期收入增长率、毛利率等指标编制预测未来现金流量。减值测试中采用的其他关键数据包括：产品预期销售收入、生产成本及其他相关费用。公司根据历史经验及对市场发展的预测确定上述关键数据。公司采用的折现率是反映当前市场货币时间价值和相关资产组特定风险的税前利率。

本年末商誉所在资产组与收购日形成商誉时所确定的资产组一致，其构成未发生变化。根据测试结果，商誉相关的资产组可回收金额大于资产组可辨认账面价值和全部商誉的账面价值，该商誉无须计提减值准备。

而美的集团的说明如下：

在进行商誉减值测试时，本集团将相关资产或资产组组合（含商誉）的账面价值与其可收回金额进行比较。如果可收回金额低于账面价值，相关差额计入当期损益。本集团的商誉分摊于2018年未发生变化。

于2018年12月31日，本集团对商誉进行减值测试。包含商誉的资产组的可收回金额是依据管理层批准的预算（预算期为5~6年期不等），采用预计未来现金流量折现方法计算。超过预算期的未来现金流量采用估计的永续年增长率作出推算。管理层所采用的永续年增长率（主要为1%~2%）与行业预测数据一致，不超过各产品的长期平均增长率。管理层根据历史经验及对市场发展的预测确定收入增长率（主要为1.5%~13.9%）及税息折旧及摊销前利润盈利率（主要为0.5%~11.2%），并采用能够反映相关资产组的特定风险的税前利率为折现率（主要为 9.7% ~ 20.9%）。管理层根据该等假设分析各资产组的可收回金额，认为商誉无须计提减值准备。

【问题】

您认为商誉占资产的比重最高能到多少呢？表 5 – 2 列举了截至 2018 年末商誉占资产比重在 65% 以上的 8 只股票。

表 5 – 2　2014 ~ 2018 年高商誉比例（大于 65%）公司名单

证券代码	股票简称	会计期间	商誉净额	占比（%）
002759	天际股份	2016 年 12 月 31 日	2,318,650,326.21	66
000681	视觉中国	2014 年 12 月 31 日	1,014,918,891.88	67
000606	顺利办	2018 年 12 月 31 日	2,849,493,500.83	68
002188	*ST 巴士	2015 年 12 月 31 日	1,537,891,942.75	69
002188	*ST 巴士	2016 年 12 月 31 日	1,537,891,942.75	65
300315	掌趣科技	2015 年 12 月 31 日	5,600,137,018.69	71
300143	盈康生命	2017 年 12 月 31 日	1,807,929,778.65	69
300143	盈康生命	2018 年 12 月 31 日	1,894,189,418.09	72
000971	*ST 高升	2015 年 12 月 31 日	1,338,525,067.07	75
002464	众应互联	2015 年 12 月 31 日	1,913,052,588.60	84
002464	众应互联	2016 年 12 月 31 日	1,707,735,694.16	81
002464	众应互联	2017 年 12 月 31 日	2,128,996,444.48	71
002464	众应互联	2018 年 12 月 31 日	2,130,018,225.03	67

资料来源：国泰安经济金融数据库。

以众应互联为例，来看看该公司在报表附注中的披露内容：

1）商誉账面原值；

2）商誉减值准备；

3）重要的商誉所在资产组或资产组组合的相关信息；

4）商誉减值损失的确认方法以及商誉测试的过程、关键假设和关键参数；

5）商誉减值测试的影响。

（15）递延所得税资产和递延所得税负债。

➤ 产生可抵扣暂时性差异的具体项目（如资产减值、可抵扣亏损、预提费用、应付职工薪酬、资产摊销、资产公允价值下降、其他）；

➤ 可抵扣暂时性差异及确认的递延所得税资产；

➤ 产生应纳税暂时性差异的具体项目（如金融资产公允价值上升、应收利息、资产摊销、其他）；

➤ 应纳税暂时性差异及确认的递延所得税资产；

➤ 未确认递延所得税资产的可抵扣暂时性差异或可抵扣亏损明细；

➤ 未确认递延所得税资产的可抵扣亏损的到期情况。

美的集团关于递延所得税资产和递延所得税负债的披露：

①未经抵销的递延所得税资产（预计于1年内（含1年）转回的金额；预计于1年后转回的金额）。

②未经抵销的递延所得税负债。

③抵销后的递延所得税资产和递延所得税负债净额列示。

（16）归类项目说明。

美的集团年报中，对于一些项目的共同情况，采用了集中披露的方法，提高了透明度和相关性。如：

1）资产减值准备明细。

表5－3　美的集团资产减值准备明细

	2017年12月31日	本年增加	本年减少		外币报表折算差异	2018年12月31日
			转回	转销		
坏账准备	1,098,395	348,454	(172,160)	(123,274)	27,430	1,178,845
其中:应收账款坏账准备	881,397	334,946	(137,346)	(123,274)	26,386	982,109
贷款损失准备	167,654	—	(13,648)	—	—	154,006
其他应收款坏账准备	49,344	13,508	(21,166)	—	1,044	42,730
存货跌价准备	206,982	632,215	(372,184)	(77,231)	(8,938)	380,844
可供出售金融资产减值准备	2,254	—	—	—	33	2,287

续表

| | 2017 年 12 月 31 日 | 本年增加 | 本年减少 | | 外币报表 折算差异 | 2018 年 12 月 31 日 |
			转回	转销		
固定资产减值准备	26,262	11,539	—	(5,153)	633	33,281
无形资产减值准备	12,051	—	—	(269)	356	12,138
投资性房地产减值准备	12,576	—	—	—	—	12,576
	1,358,520	992,208	544,344	(205,927)	19,514	1,619,971

2）所有权或使用权受到限制的资产。

表 5 - 4　美的集团受限资产

	2018 年 12 月 31 日	2017 年 12 月 31 日
货币资金		
其中:银行存款(附注四(1))	5,686,629	3,540,237
其他货币资金(附注四(1))	123,197	267,259
存放中央银行法定准备金(附注四(1))	1,126,172	1,835,051
存放同业款项(附注四(1))	3,000,000	20,800,000
	9,935,998	26,442,547

5.1.2　负债项目分析要点

（1）短期借款。

➢ 短期借款的分类（如按借款条件（质押、保证或信用等）；按借款银行；等等）；

➢ 已逾期未偿还的短期借款情况。

（2）衍生金融负债。

➢ 衍生金融负债项目名称及其金额。

（3）应付票据和应付账款。

➢ 应付票据种类（银行承兑汇票或商业承兑汇票）；

➢ 有无已到期未支付的应付票据情况；

➢ 应付账款款项性质（货款或其他款项）；

➢ 应付账款账龄。

（4）预收账款。

➢ 款项分类；

➢ 款项性质（货款或其他）；

➢ 预收账款账龄。

（5）应付职工薪酬。

➢ 应付职工薪酬分类（短期薪酬，离职后福利）；

➢ 短期薪酬项目构成；

➢ 离职后福利项目构成。

（6）应交税费。

➢ 税项构成、征收依据及金额；

➢ 减免税项目及其依据。

（7）其他应付款。

➢ 其他应付款项目构成（应付利息、应付股利、其他应付款等）；

➢ 有无已逾期未支付的利息情况；

➢ 其他应付款款项性质（往来款、押金或其他）及账龄。

（8）其他流动负债。

以格力电器对其他流动负债的披露为例。

【举例】

格力电器 2018 年其他流动负债披露。

表 5－5　2018 年格力电器其他流动负债附注内容

项目	期末余额	期初余额
维修费	1,405,491,811.34	1,335,278,729.97
销售返利	61,878,214,635.10	59,466,494,101.10
其他	77,892,318.52	110,447,319.75
合计	63,361,598,764.96	60,912,220,150.82

（9）长期应付职工薪酬。

一般来说，长期应付职工薪酬主要为设定受益计划。除了披露期初、期末余额外，还应披露：

➢ 设定受益计划变动情况，如设定受益计划义务现值；

➢ 设定受益计划变动情况，如设定受益计划义务现值；设定受益计划净负债（净资产）和设定受益计划的内容及与之相关风险、对公司未来现金流量、时间和不确定性的影响说明。

（10）递延收益。

➢ 递延收益的内容；

➢ 涉及政府补助的项目（按与收益相关；与资产相关分开披露）。

5.1.3　所有者权益项目分析要点

（1）实收资本与资本公积。

企业要经营，就必须要有一定的"本钱"，这就需要有一定的"资本"。注册资本是法律上规定的强制性要求，而实收资本则是企业在实际业务中遵循法律规定的结果，二者不是同一个概念。

实收资本（Paid – in Capital）指企业实际收到的投资人投入的资本。实收资本是指投资者作为资本投入企业的各种财产，是企业注册登记的法定资本总额的来源，它表明所有者对企业的基本产权关系。实收资本的构成比例是企业据以向投资者进行利润或股利分配的主要依据。

注册资金是国家授予企业法人经营管理的财产或者企业法人自有财产的数额体现。企业法人办理开业登记，申请注册的资金数额与实有资金不一致的，按照国家专项规定办理①。另外，在《公司法》第二十六条注册资本中，规定"有限

---

① 中华人民共和国企业法人登记管理条例（国务院令第 709 号）。

责任公司的注册资本为在公司登记机关登记的全体股东认缴的出资额。法律、行政法规以及国务院决定对有限责任公司注册资本实缴、注册资本最低限额另有规定的，从其规定"。

资本公积（Capital Reserves）是企业在经营过程中由于接受捐赠、股本溢价，以及法定财产重估增值等原因所形成的公积金。资本公积是与企业收益无关而与资本相关的贷项。资本公积是指投资者或者他人投入到企业、所有权归属于投资者，并且投入金额上超过法定资本部分的资本。

资本公积一般包括资本（或股本）溢价、接受捐赠资产、股权投资准备、拨款转入、外币资本折算差额和其他资本公积。资本公积各准备项目不能转增资本（或股本）。同一控制下的企业合并对资本公积的影响，一般在其他资本公积小项中反映。

在实收资本（或股本）项目分析中，要注意股本的性质和本年增减变动情况。

在资本公积项目分析中，要注意资本公积的种类及其在本年增减变动情况。

（2）其他综合收益（Other Comprehensive Income，OCI）。

其他综合收益是唯一同时出现在利润表和资产负债表中的一个项目，但需要注意，该项目是具有期初、期末余额的所有者权益类科目，该项目出现在利润表中，其主要的目的是得到综合收益信息，进而反映出除了与投资者关系（投资者投入与向投资者分配利润）外的本期经营成果，这也是资产负债表观的具体体现。

对于其他综合收益项目的分析，需要注意：

➤ 其他综合收益项目的具体构成及其金额占比；

➤ 其他综合收益项目的构成及其本期增减变化；

➤ 其他综合收益项目中以后将重分类与不能重分类进损益的比例。

【问题与思考】

其他综合收益（OCI）是一个所有者权益项目，是不计入当期损益而直接计入所有者权益的利得或损失项目。但是，逻辑上不能自洽的是，其他综合收益本意是不计入当期损益的利得和损失项目，是"绕开"利润表而直接计入所有者权益项，但为了反映综合收益，却又在利润表中"强行"放入该项目。那么，放入了其他综合收益项目的利润表，或者最后一行是综合收益的利润表，还应该被称为利润表吗？另外，有人说，利润表中的其他综合收益项目是一个类似于卡车"拖车"的挂载项目，您怎么看？

5.2　利润表项目分析要点

（1）营业收入与营业成本。

作为利润表中最稳定、最具有持续性和可预测性最强的项目，营业收入与营业成本项目应披露：

> 按业务/行业分类的本期发生额和上期发生额；

> 按产品分类的本期发生额和上期发生额；

> 按地区分类的本期发生额和上期发生额。

通过这样的分类披露，报表阅读者就可以得知可比的业务/行业、产品和地区营业收入与营业成本的结构占比、毛利率以及增长信息。

以格力电器 2018 年年报为例，其营业收入和营业成本信息，分行业信息，分产品信息和分地区信息，分别如表 5-6～表 5-9 所示。

表 5-6　2018 年格力电器营业收入和营业成本信息　　　单位：元

项目	本期发生额		上期发生额	
	收入	成本	收入	成本
主营业务	170,592,428,489.17	112,404,155,789.00	132,189,595,255.70	84,870,692,073.91
其他业务	27,530,748,567.67	25,830,011,921.13	16,096,854,753.48	14,692,220,679.26
合计	198,123,177,056.84	138,234,167,710.13	148,286,450,009.18	99,562,912,753.17

1）主营业务（分行业）。

表5-7　2018年格力电器主营业务分行业信息　　　　　单位：元

项目	本期发生额		上期发生额	
	收入	成本	收入	成本
制造业	170,592,428,489.17	112,404,155,789.00	132,189,595,255.70	84,870,692,073.91
合计	170,592,428,489.17	112,404,155,789.00	132,189,595,255.70	84,870,692,073.91

2）主营业务（分产品）。

表5-8　2018年格力电器主营业务分产品信息　　　　　单位：元

产品名称	本期发生额		上期发生额	
	营业收入	营业成本	营业收入	营业成本
空调	155,682,359,475.59	98,890,052,827.63	123,409,767,128.48	77,666,767,648.41
生活电器	3,794,087,435.54	3,102,311,255.00	2,300,898,577.78	1,825,676,348.77
智能装备	3,108,531,271.87	2,907,041,559.95	2,126,418,528.67	2,001,978,293.97
其他	8,007,450,306.17	7,504,750,146.42	4,352,511,020.77	3,376,269,782.76
合计	170,592,428,489.17	112,404,155,789.00	132,189,595,255.70	84,870,692,073.91

3）主营业务（分地区）。

表5-9　2018年格力电器主营业务分地区信息　　　　　单位：元

地区名称	本期发生额		上期发生额	
	营业收入	营业成本	营业收入	营业成本
内销	148,322,536,473.83	93,103,971,438.42	113,695,815,039.68	68,324,599,472.39
外销	22,269,892,015.34	19,300,184,350.58	18,493,780,216.02	16,546,092,601.52
合计	170,592,428,489.17	112,404,155,789.00	132,189,595,255.70	84,870,692,073.91

对上述信息进行结构分析以及毛利率的计算后，可以得到如表5-10所示的总括信息：

表 5 - 10　2018 年格力电器营业收入和成本总括信息　　单位：%

项目	2018 年结构			2017 年结构		
	收入	成本	毛利率	收入	成本	毛利率
主营业务	86	81	34	86	81	36
空调	91	88	36	93	92	37
生活电器	2	3	18	2	2	21
智能装备	2	3	6	2	2	6
其他	5	7	6	3	4	22
其他业务	14	19	6	14	19	9
合计	100	100	30	100	100	33
内销	87	83	37	86	81	40
外销	13	17	13	14	19	11

很显然，从表 5 - 10 中，我们可以得到如下信息：

第一，从产品信息来看，由空调、生活电器、智能装备和其他产品所构成的主营业务贡献了 86% 的收入份额，而这其中，空调产品又占到了 91% 的份额；从增长信息来看，空调的销售份额有所下降，生活电器和智能装备保持稳定，其他产品的销售份额增长了 2 个百分点；从毛利率信息来看，空调、生活电器和其他产品的毛利率均有所下降，智能装备产品的毛利率保持 6% 不变。

第二，从销售区域来看，内销收入占到了总收入的 87%，内销毛利率平均为 37%；外销收入占比为 13%，外销毛利率为 13%。但从增长信息来看，2017 年到 2018 年，内销收入增长了 1 个百分点，毛利下降了 3 个百分点；外销毛利率上升了 2 个百分点。

综合以上两点，我们可以得出这样的结论：格力电器的空调产品一枝独秀，是其"当家产品"，但也存在着毛利率下降、收入份额下降的风险；同时，其他产品的收入份额增长缓慢，毛利率较低；另外，国内市场仍然是格力电器的主要市场，国外市场份额有限，毛利率要显著低于国内市场。总之，格力电器的主打产品是其空调产品，但也面临着较为严重的产品单一的风险。由此，我们也深切地感受到，突破对单一明星产品的依赖，进行多元化道路的探索对格力来讲，是必须的，但也是艰难的！

另外，在对营业收入与成本进行分析时，还需要关注其收入与成本在截止（Cut‑off）上的问题。如有条件，还需要对各月营业收入与营业成本信息进行比较，以期发现其异常情况。

（2）税金及附加信息。

税金及附加包括城市维护建设税、教育费附加、地方教育费附加、房产税、土地使用税和其他（如有地方特色的废弃电器处理基金、水利基金等）。

（3）销售与管理费用。

一般来说，销售费用是指企业销售商品和材料、提供劳务的过程中发生的各种费用，包括企业在销售商品过程中发生的保险费、包装费、展览费和广告费、商品维修费、预计产品质量保证损失、运输费、装卸费等；以及为销售本企业商品而专设的销售机构（含销售网点，售后服务网点等）的职工薪酬、业务费、折旧费等经营费用。

格力电器 2018 年的年报中，销售费用细分（Breakdown）为：空调产品的安装维修费、销售返利及宣传推广费等，以及销售人员工资、销售分支机构费用等。

对销售费用的分析，应注意其销售政策及其变化，如对经销商的销售返利政策、宣传推广政策等，这都和公司的营销战略相关。

一般来说，管理费用是指企业行政管理部门为组织和管理生产经营活动而发生的各种费用。包括的具体项目有：企业董事会和行政管理部门在企业经营管理中发生的，或者应当由企业统一负担的公司经费、工会经费、待业保险费、劳动保险费、董事会费、聘请中介机构费、咨询费、诉讼费、业务招待费、办公费、差旅费、邮电费、绿化费、管理人员工资及福利费等。

可以说，管理费用的内容构成非常庞杂，但终其一点，是企业行政管理部门所发生的组织和管理生产经营活动而发生的费用。一定意义上，管理费用与营业收入占比可以反映代理成本的高低。

需要强调的是，财会〔2018〕15 号文①中，将原来管理费用中核算列支的研发费用项目单独在利润表项目中反映，这样，原来在利润表中反映的三大期间费用项目就成为销售费用、管理费用、研发费用和财务费用这四个项目。

"研发费用"项目，反映企业进行研究与开发过程中发生的费用化支出，以及计入管理费用的自行开发无形资产的摊销。

【讨论】

在利润表中单列研发费用，有什么意义？

相关背景如下：

➢ 2015 年 3 月 5 日，李克强在全国两会上做《政府工作报告》时首次提出《中国制造2025》的宏大计划。

➢ 2015 年 3 月 25 日，李克强组织召开国务院常务会议，审议通过了《中国制造2025》，部署加快推进实施"中国制造2025"，实现制造业升级。

➢ 2015 年 5 月 19 日，国务院正式印发《中国制造2025》。

在《中国制造2025》中，提出了创新驱动的基本方针，即：坚持把创新摆在制造业发展全局的核心位置，完善有利于创新的制度环境，推动跨领域跨行业协同创新，突破一批重点领域关键共性技术，促进制造业数字化、网络化、智能化，走创新驱动的发展道路。

很显然，研发费用信息已经成为重要会计信息，为满足重要性会计信息质量，在会计核算上，就要求对企业在研发方面的投入进行单独反映。

【问题】

管理费用费率（管理费用/营业总收入）有没有最高水平？上市公司的实践又会是什么样？

---

① 《关于修订印发2018 年度一般企业财务报表格式的通知》（财会〔2018〕15 号文）。

笔者将2018年上市公司中管理费用的费率按照由高到低进行排序，列出排在前十位的公司。如表5-11所示。

表5-11　2018年高管理费用率部分上市公司名单

股票代码	营业总收入（元）	管理费用（元）	费率（%）
000820	12,895,545.71	126,355,765.07	9.80
600421	1,002,704.24	8,097,851.52	8.08
600555	13,101,178.70	88,183,687.89	6.73
900955	13,101,178.70	88,183,687.89	6.73
300029	9,576,609.27	50,653,326.56	5.29
600890	12,225,355.53	42,096,937.87	3.44
000760	217,533,312.42	698,631,189.42	3.21
300156	51,252,984.85	155,321,441.12	3.03
000502	17,414,274.71	42,400,771.35	2.43
600074	146,448,045.62	319,043,659.02	2.18

请大家再进一步看看这些都是一些什么样的公司？管理费用为什么这么高？

（4）财务费用与利息收入/支出。

财务费用是指企业为筹集生产经营所需资金等而发生的费用。具体项目有：利息净支出（利息支出减利息收入后的差额）、汇兑净损失（汇兑损失减汇兑收益的差额）、金融机构手续费以及筹集生产经营资金发生的其他费用等。

【举例】

格力电器的财务费用如表5-12所示。

表5-12　格力电器财务费用附注信息　　　　　　单位：元

项目	2018年	2017年
利息费用	1,068,308,309.96	818,839,384.70
减：利息收入	2,384,486,815.64	2,204,841,309.74
汇兑损益	228,556,360.16	1,603,326,724.06
银行手续费	128,629,122.01	208,610,593.30
设定受益福利义务的利息费用	4,684,674.00	4,038,346.00
其他	6,106,952.77	1,306,250.17
合计	-948,201,396.74	431,279,988.49

财务费用为负数，是格力电器利润表的一个特点。因为拥有大量银行存款产生了巨额利息收入而导致。通过与当期营业收入比较，2018 年度财务费用 - 利息收入占比为 1.2%，2017 年为 1.49%。

当然，在格力电器合并利润表中，除了财务费用中的利息收入与利息费用外，还有利息收入与利息支出两个项目与营业收入和营业成本并列。利息收入与利息支出是纳入合并报表范围的属于金融业的财务公司的利润表项目。

格力电器利息收入和利息支出项目附注信息，具体如表 5 - 13 所示。

表 5 - 13　格力电器利息收入和利息支出附注信息

项目	2018 年	2017 年
利息收入	1,899,287,824.22	1,731,806,535.80
其中:存放同业利息收入	1,249,442,905.14	1,092,898,412.20
贷款及垫款利息收入	426,618,074.89	310,907,827.73
其他	223,226,844.19	328,000,295.87
利息支出	45,341,946.69	195,890,946.47
其中:金融企业往来支出	26,310,584.80	181,864,616.34
其他	1,9031,361.89	14,026,330.13
利息净收入	1,853,945,877.53	153,5915,589.33

【问题】

财务费用为负数是什么原因？意味着什么？

笔者将 2018 年上市公司中财务费用为负数的公司，按照其绝对值从大到小排序，列出排在前十位的公司，如表 5 - 14 所示。

表 5 - 14　2018 年负财务费用上市公司名单

股票代码	营业总收入（元）	财务费用（元）	财务费用占比（%）
000333	261,626,931,000.00	- 1,823,040,000.00	- 0.70
000858	40,030,189,599.87	- 1,085,010,763.65	- 2.71
600028	2,891,179,000,000.00	- 1,001,000,000.00	- 0.03

股票代码	营业总收入（元）	财务费用（元）	财务费用占比（%）
000651	199,977,998,107.87	-948,201,396.74	-0.47
600339	58,622,877,048.11	-804,287,796.25	-1.37
600383	50,699,358,636.89	-653,354,566.08	-1.29
601989	44,483,528,277.66	-588,647,703.13	-1.32
000418	23,636,929,478.33	-531,729,710.86	-2.25
200418	23,636,929,478.33	-531,729,710.86	-2.25
600600	26,575,255,205.00	-497,115,822.00	-1.87

请大家再进一步看看，这些都是一些什么样的公司？这些公司所拥有的现金都来自于哪些方面？

另外，我们在战略管理学中所接触到的"现金牛"①，可否以该指标作为其替代变量？

（5）资产减值损失与预期信用损失。

从第2章可知，减值资产带来的资产减值损失具体有：坏账损失、存货跌价损失、可供出售金融资产减值损失、持有至到期投资减值损失、长期股权投资减值损失、投资性房地产减值损失、固定资产减值损失、工程物资减值损失、在建工程减值损失、生产性生物资产减值损失、油气资产减值损失、无形资产减值损失、商誉减值损失和其他。

如北大荒（600598）在2018年报中，在"资产减值损失"项目的披露中，就有"其他"项目，金额为4221.10万元，并说明"其他项主要为本年麦芽公司对收到的抵债资产（二九一房产抵债房）计提的减值损失"。

格力电器在其2018年报表附注中披露的资产减值损失情况如表5-15所示。

---

① 波士顿矩阵的发明者、波士顿咨询的创始人布鲁斯认为：公司若要取得成功，必须拥有"市场增长率"和"市场占有率"各不相同的产品组合。该组合通过一个"四象限矩阵图"来描述"市场增长率"和"市场占有率"的四种组合结果，即：现金牛、明星、问题和瘦狗。

表 5 – 15   2018 年格力电器资产减值损失附注信息 单位：元

项目	本期发生额	上期发生额
一、坏账损失	85,959,871.55	122,346,400.84
二、存货跌价损失	113,397,943.06	92,262,070.11
三、固定资产减值损失	904,213.50	404,740.19
四、贷款损失	61,412,149.22	49,773,748.68
合计	261,674,177.33	264,786,959.82

（6）其他收益。

其他收益的内容构成及其比较金额，如政府补助，扣缴税款手续费等。

【问题】

政府补助项目，都在报表中的哪些项目得到反映？或者说，想要知道一家公司获得了或者应该获得多少政府补助，需要关注哪些项目？

根据《CAS16 – 政府补助》的规定，政府补助相关科目有与收益相关的政府补助项目，如其他收益和营业外收入；有与资产相关的政府补助项目，如相关资产以及冲减的折旧费用、生产成本或营业外支出；递延收益。当然，在现金流量表中也会有相关政府补助信息。

【案例】

格力电器在 2018 年获得了多少政府补助？

为了反映获得政府补助信息的全貌，我们将格力电器 2018 年报中所披露的政府补助信息进行汇总反映。需要大家注意项目间的勾稽关系。

第一，在其他收益中的披露。

（1）其他收益分类情况，如表 5 – 16 所示。

表 5 – 16   2018 年格力电器其他收益信息 单位：元

项目	本期发生额	上期发生额	计入当期非经常性损益的金额
政府补助	403,676,714.90	401,088,766.61	403,676,714.90
其他	4,876,490.63	496,004.65	4,876,490.63
合计	408,553,205.53	401,584,771.26	408,553,205.53

（2）计入当期损益的政府补助如表5-17所示。

表5-17　2018年格力电器计入其他收益的政府补助信息　　　单位：元

补助项目	本期发生额	上期发生额	与资产相关/与收益相关
财政奖励	195,252,237.61	141,179,602.12	与资产、收益相关
开发项目资金补助	111,460,558.80	177,387,158.99	与资产、收益相关
技改补助收入	51,398,026.35	48,344,652.06	与资产、收益相关
其他	45,565,892.14	34,177,353.44	与资产、收益相关
合计	403,676,714.90	401,088,766.61	

第二，在营业外收入中的披露。

（1）营业外收入分类情况，如表5-18所示。

表5-18　2018年格力电器营业外收入信息　　　单位：元

项目	本期发生额	上期发生额	计入当期非经常性损益的金额
非流动资产毁损报废净收益	3,804,752.28	297,673.58	3804752.28
其中:固定资产毁损报废	3,804,752.28	297,673.58	3,804,752.28
政府补助	268,001,389.57	478,651,063.44	268,001,389.57
其他	46,051,591.57	31,614,371.34	46,051,591.57
合计	317,857,733.42	510,563,108.36	317,857,733.42

（2）计入当期损益的政府补助，如表5-19所示。

表5-19　2018年格力电器计入营业外收入的政府补助信息　　　单位：元

补助项目	本期发生额	上期发生额	与资产相关/与收益相关
财政奖励	253,415,049.57	467,709,708.23	与收益相关
其他	14,586,340.00	1,0941,355.21	与收益相关
合计	26,8001,389.57	478,651,063.44	

第三，在递延收益中的披露。

（1）递延收益分类，如表5-20所示。

表 5 - 20 2018 年格力电器递延收益信息 　　单位：元

项目	期初余额	本期增加	本期减少	期末余额
政府补助	126,215,974.15	81,525,526.36	41,447,880.48	166,293,620.03
合计	126,215,974.15	81,525,526.36	41,447,880.48	166,293,620.03

（2）涉及政府补助的项目，如表 5 - 21 所示。

表 5 - 21 2018 年格力电器计入递延收入的政府补助信息 　　单位：元

项目	期初余额	本期新增补助金额	本期计入当期损益金额	其他变动	期末余额
一、与收益相关的政府补助	118,155,077.49	43,974,638.41	33,423,117.26		128,706,598.64
其中：环境保护升级项目	4,459,696.74	2,370,059.99	6,386,811.47		442,945.26
制冷领域科研项目	96,473,815.74	8,155,719.00	20,199,864.92		84429669.82
其他	17,221,565.01	33,448,859.42	6,836,440.87		43,833,983.56
二、与资产相关的政府补助	8,060,896.66	37,550,887.95	8,024,763.22		37,587,021.39
其中：环境保护升级项目	3,939,368.92	6,000,000.00	1,554,780.73		8,384,588.19
制冷领域科研项目	4,121,527.74	28,594,021.20	6,016,184.92		26,699,364.02
其他		2,956,866.75	453,797.57		2,503,069.18
合计	126,215,974.15	81,525,526.36	41,447,880.48		166,293,620.03

第四，在现金流量表中的披露。

收到其他与经营活动有关的现金，如表 5 - 22 所示。

表 5 - 22 2018 年格力电器收到其他与经营活动有关的现金信息 　　单位：元

项目	本期发生额	上期发生额
政府补助	726,492,184.73	826,164,989.06
利息收入	395,203,295.82	812,081,309.38
票据质押保证金减少额	5,840,941,705.02	
其他	604,349,038.28	1,061,648,315.00
小计	7,566,986,223.85	2,699,894,613.44

第五，在非经常性损益中的披露。

2018 年格力电器非经常性损益发生情况如表 5 - 23 所示。

表 5 - 23　2018 年格力电器非经常性损益信息　　　　　单位：元

项目	本期发生额
非流动性资产处置损益，包括已计提资产减值准备的冲销部分	− 23, 064, 935.35
计入当期损益的政府补助，但与公司正常经营业务密切相关，符合国家政策规定、按照一定标准定额或定量持续享受的政府补助除外	671, 678, 104.47
计入当期损益的对非金融企业收取的资金占用费	1, 262, 805.80
同一控制下企业合并产生的子公司期初至合并日的当期净损益	184, 503.98
除同公司正常经营业务相关的有效套期保值业务外，持有交易性金融资产、交易性金融资产产生的公允价值变动损益，以及处置交易性金融资产、交易性金融负债和可供出售金融资产取得的投资收益	151, 222, 484.83
单独进行减值测试的应收款项减值准备转回	2, 320, 229.26
除上述各项之外的其他营业外收入和支出	32, 323, 207.44
其他符合非经常性损益定义的损益项目	6, 119, 851.77
小计	842, 046, 252.20
减：非经常性损益的所得税影响数	170, 139, 883.37
少数股东损益的影响数	49, 984, 188.79
合计	621, 922, 180.04

（7）投资收益。

分析投资收益项目，离不开对长期股权投资的确认、计量和列报的分析。

格力电器 2018 年的投资收益如表 5 - 24 所示。

表 5 - 24　2018 年格力电器投资收益信息　　　　　单位：元

项目	2018 年	2017 年
权益法核算的长期股权投资收益	560, 513.87	6, 487, 470.38
衍生金融工具取得的投资收益	− 162, 205, 608.27	252, 052, 529.00
可供出售金融资产相关的投资收益	92, 546, 955.76	72, 438, 288.71
以公允价值计量且其变动计入当期损益的金融资产相关投资收益	19, 119, 043.90	
理财产品及其他投资收益	156, 748, 029.75	65, 669, 850.23
合计	106, 768, 935.01	396, 648, 138.32

【问题】

涉及投资收益的相关报表项目有哪些？

参考答案：

债权投资、其他债权投资；交易性金融资产（仅在出售和发生交易费用时涉及）；可供出售金融资产（在出售时）；长期股权投资、公允价值变动损益；OCI；应收股利/应收利息等。

（8）公允价值变动收益。

公允价值变动收益项目核算企业在初始确认时划分为以公允价值计量且其变动计入当期损益的金融资产或金融负债（包括交易性金融资产或金融负债和直接指定为以公允价值计量且其变动计入当期损益的金融资产或金融负债）和以公允模式进行后续计量的投资性房地产。

【问题】

仔细研究利润表，除了收入/费用这些持续性、可预测性强的项目外，利得/损失项目有没有可能大于营业总收入？

笔者列举了 2018 年上市公司中公允价值变动损益绝对值大于营业总收入的公司，如表 5 - 25 所示。

表 5 - 25　2018 年公允价值大于营业总收入的公司情况　　单位：元

股票代码	营业总收入	公允价值变动收益
600647	20,396,701.82	− 37,086,504.13
600896	53,050,882.37	329,225,375.59
601099	451,837,561.40	− 461,130,327.13

因此，利润表中，以营业总收入为 100，其他各个项目与之进行比较的方法，还是结构分析法吗？其实质应该是简单的比较法而已，并不是结构分析法。

【问题】

资产项目中，采用公允价值计量的有哪些？

以格力电器 2018 年年报为例，在"资产及负债状况"中，所总括披露出的"以公允价值计量的资产和负债"项目如表 5 - 26 所示：

表 5－26　2018 年格力电器以公允价值计量的资产和负债

项目	期初数	本期公允价值变动损益	计入权益的累计的公允价值变动	本期计提的减值	本期购买金额	本期出售金额	期末数
金融资产							
1. 以公允价值计量且其变动计入当期损益的金融资产（不含衍生金融资产）	602,045,597.22	522,226.79	—	—	1,321,177,135.83	911,274,572.41	1,012,470,387.43
2. 衍生金融资产	481,055,568.00	−310,839,429.08	—	—	—	—	170,216,138.92
3. 可供出售金融资产	2,120,941,527.25	−551,721,707.17	−678,951,830.55	—	1,167,418,103.93	591,000,000.00	2,180,195,036.33
金融资产小计	3,204,042,692.47	−862,038,909.46	−678,951,830.55	—	2,488,595,239.76	1,502,274,572.41	3,362,881,562.68
上述合计	3,204,042,692.47	−862,038,909.46	−678,951,830.55	—	2,488,595,239.76	1,502,274,572.41	3,362,881,562.68
金融负债	615,777,702.86	358,412,820.79		—		—	257,364,882.07

可以看出，这些以公允价值计量的资产和负债项目并没有具体列示其具体构成内容，对这部分信息的了解，还需要进一步从报表附注中进一步"挖掘"。

随后，在"（七）合并财务报表项目附注"中，对上述项目分别披露如下，应注意与上表的数据勾稽。

表 5 - 27　以公允价值计量且其变动计入当期损益的金融资产信息

项目	期末余额	期初余额
指定为以公允价值计量且其变动计入当期损益的金融资产	1,012,470,387.43	602,045,597.22
其中：债务工具投资	1,012,470,387.43	602,045,597.22
合计	1,012,470,387.43	602,045,597.22

表 5 - 28　衍生金融资产信息

项目	期末余额	期初余额
远期结售汇及其他	170,216,138.92	481,055,568.00
合计	170,216,138.92	481,055,568.00

表 5 - 29　可供出售金融资产分类信息

项目	期末余额		
	账面余额	减值准备	账面价值
可供出售债务工具	1,035,287,090.00		1,035,287,090.00
其中：按公允价值计量的	1,035,287,090.00		1,035,287,090.00
可供出售权益工具	1,145,807,946.33	900,000.00	1,144,907,946.33
其中：按公允价值计量的	1,144,907,946.33		1,144,907,946.33
按成本计量的	900,000.00	900,000.00	
其他—信托产品	36000000.00		36,000,000.00
合计	2,217,095,036.33	900,000.00	2,216,195,036.33
项目	期末余额		
	账面余额	减值准备	账面价值
可供出售债务工具	1,009,566,030.00		1,009,566,030.00
其中：按公允价值计量的	1,009,566,030.00		1,009,566,030.00
可供出售权益工具	1,112,275,497.25	900,000.00	1,111,375,497.25
其中：按公允价值计量的	1,111,375,497.25		1,111,375,497.25
按成本计量的	900,000.00	900,000.00	
其他—信托产品	54,000,000.00		54,000,000.00
合计	2,175,841,527.25	900,000.00	2,174,941,527.25

在最后，还应注意，公司在本期无可供出售权益工具期末公允价值严重下跌或非暂时性下跌的情况。

（9）资产处置收益。

➢ 资产处置事项的种类及其比较金额；

➢ 重要资产处置事项的文字说明。

（10）营业外收支。

"营业外收入"项目反映企业发生的除营业利润以外的收益，主要包括：

➢ 与企业日常活动无关的政府补助；

➢ 盘盈利得；

➢ 捐赠利得（企业接受股东或股东的子公司直接或间接的捐赠，经济实质属于股东对企业的资本性投入的除外）等。

"营业外支出"项目，反映企业发生的除营业利润以外的支出，主要包括：

➢ 公益性捐赠支出；

➢ 非常损失；

➢ 盘亏损失；

➢ 非流动资产毁损报废损失等。

"非流动资产毁损报废损失"通常包括因自然灾害发生毁损、已丧失使用功能等原因而报废清理产生的损失。企业在不同交易中形成的非流动资产毁损报废利得和损失不得相互抵销，应分别在"营业外收入"项目和"营业外支出"项目进行填列。

【问题】

从利润表营业利润内容的不断变化与演进中，请思考营业与营业外的边界问题。

另外，报废毁损与处置损失有什么不同？

5.3　现金流量表项目分析要点

对现金流量表项目的分析，需要紧密结合利润表与资产负债表相关项目，以及相关项目的报表附注信息，以问题为导向，进行全面、针对性地分析。在众多需要注意的信息中，尤其需要关注如下信息：

第一，经营活动现金流量大项中的"销售商品、提供劳务收到的现金"和"购买商品、接受劳务支付的现金"；以及这两个项目与营业收入、营业成本；应收款项与应付款项；存货等项目的关系。

第二，经营活动、投资活动和筹资活动三大类活动所带来的现金流入、流出和净流量比较；已得到三类活动所带来现金流的总括信息。

第三，将净利润调节为经营活动现金净流量信息。

第四，从子公司取得的现金净额信息。

第五，处置子公司收到的现金净额信息。

第六，现金及现金等价物的构成信息。

第七，货币资金与现金及现金等价物的调节信息。

5.4　其他重要信息披露的分析

在财务年报中，除了对四大报表的重要项目进行披露外，还要根据重要性和相关性原则，对可能影响报告使用者的其他重要信息进行披露。这些信息包括但不限于如下项目：

➢ 外币项目中外币货币性项目和重要境外经营实体信息；

➤ 所有权或使用权受到限制的资产信息；

➤ 企业集团的合并范围及其变更信息；

➤ 处置子公司的信息；

➤ 购并及反向购并信息；

➤ 在其他主体中的权益信息；

➤ 金融工具及其风险信息。

【举例】

某公司对其金融工具披露如下：

公司的主要金融工具，一般包括货币资金、以公允价值计量且其变动计入当期损益的金融资产、衍生金融资产、应收票据及应收账款、贷款和应收款项、买入返售金融资产、可供出售金融资产、因经营产生的其他金融负债（如应付款项）等，这些金融工具的主要目的在于为本公司的运营提供资金。

➤ 本公司金融工具导致的主要风险是信用风险、流动风险和市场风险。

➤ 关联方关系及其交易信息。

➤ 股份支付信息。

➤ 承诺及或有事项信息；资产负债表日后事项信息。

➤ 其他重要事项，如前期会计差错更正、债务重组情况、资产置换情况、年金计划、终止经营、同一控制下企业合并追溯调整财务数据、其他对投资者决策有影响的重要事项。

➤ 母公司财务报表主要项目附注。

【举例】

以在其他主体中权益的披露为例，在格力电器 2018 年报中，在其他主体中权益披露要点有：

（1）在子公司中的权益。

1）企业集团的构成。

可以看出，格力集团一共有76家子公司，具体业务性质、数量信息如表5-30所示。

表 5-30　格力电器企业集团子公司构成

业务性质	数量	备注
工业制造	62	
金融	2	珠海横琴格力商业保理有限公司 珠海格力集团财务有限责任公司
技术研发	3	珠海格力节能环保制冷技术研究中心有限公司 格力机器人（洛阳）有限公司 珠海格力数控机床研究院有限公司
信息技术	2	珠海艾维普信息技术有限公司 珠海格力信息科技有限公司
销售	6	中国香港、上海、珠海（2018年注销）、巴西、美国、安徽
运输业	1	珠海格力运输有限公司
合计	76	

2）重要的非全资子公司。

3）重要的非全资子公司的主要财务信息。

（2）在合营安排或联营企业中的权益。

1）重要合营企业和联营企业的基础信息。

2）重要的合营企业的主要财务信息。

3）本公司联营企业。

第6章　战略视角下的"问题—导向"财务分析模板设计

【学习目标】

战略视角下的"问题—导向"财务分析方法及知识融合。

【重点与难点】

财务分析流派及理念更新；

非财务分析与财务分析的融合；

战略分析方法与财务分析的融合。

6.1　财务分析与审计的边界及其改善
——来自浑水的启发

6.1.1　浑水的做空思路与逻辑

（1）引言。

2020 年 1 月 31 日，美国浑水调研公司公开了其长达 89 页的对瑞幸咖啡的调查报告（报告标题为"瑞幸咖啡：作假且基本破产"），对瑞幸咖啡 2019 年第三季度的财务和运营数据进行了翔实的举证、分析与说明。4 月 2 日，瑞幸咖啡通过在美国证监会官网发布内部调查的方式自曝其 2019 年第二到第四季度存在"伪造交易"等"不当行为"。这直接导致了瑞幸咖啡股价在当日开盘前就大跌 80%，继而发生熔断，370 多亿人民币市值蒸发。

要看到，在瑞幸咖啡 IPO 并于 2019 年 5 月登陆纳斯达克的过程中，聘请了瑞信、摩根士丹利、中金公司、海通国际这些知名承销商进行联合承销，聘请安永会计师事务所为其审计机构。很显然，安永对这样的"不当行为"难辞其咎。

我们不由得想起 3 年前的辉山乳业造假事件。2016 年 12 月，浑水公司发布了质疑辉山乳业财务造假的调查报告（标题为"辉山乳业：价值近乎为零"），该调查报告提供了很多辉山乳业财务造假的确凿证据，辉山乳业遂陷入舆论旋涡并面临巨大的资金压力。在勉强支撑了两个多月后，2017 年 3 月 23 日，由于公司财务负责人葛坤离奇失踪，导致 23 家债权人到公司催债，辉山乳业资金链断裂的消息不胫而走，次日辉山乳业股价狂跌 85%，蒸发市值 322 亿港元，公司股票开始停牌。2017 年 11 月 16 日晚间，辉山乳业在港交所发布公告称，截至 2017 年 3 月 31 日公司的综合净负债有可能达 105 亿元，公司进入临时清盘。2017 年 12 月 5 日，辉山乳业的两家附属企业正式启动破产重整程序，至此名噪一时的辉山乳业正式崩盘。同样，辉山乳业的审计机构为"四大"之一的毕马威（KPMG）。

当我们的视野放大到浑水公司一系列的做空"战绩"，如表 6-1 所示。我们发现，审计这些中概股的会计师事务所均为包括"四大"在内的"名所"。会计师事务所接受审计约定作为审计机构，可以不受限制地执行包含检查、观察、查询、函证、监盘等各种审计程序，有的事务所甚至已经连续多年审计这些公司；而做空机构别说有条件查阅账册、凭证和合同，就连进入被审计单位的工作区域都是问题。

表6-1 浑水的"战绩"及审计机构

时间	做空对象	会计师事务所	原因与结果
2010年6月	东方纸业	德豪会计师事务所（BDO）香港分所（2009）	夸大收入，款项挪用；股价低位
2010年11月	缘诺国际	Frazer & Frost（2009）	虚构客户关系、夸大业务量；承认造假、退市
2011年2月	中国高速传媒	德勤（2010）	财务造假；退市
2011年4月	多元环球水务	格兰特桑顿（2010）	虚报收入与资产；摘牌、退市
2011年6月	展讯通信	普华永道（2010）	高层变动，财务造假；浑水认错，被收购退市（私有化退市）
2011年6月	嘉汉林业	安永（2010）	虚报收入与资产；破产重组
2011年11月	分众传媒	立信（2010）	内部交易，虚报LED屏幕数量；私有化，退市，转A股借壳
2012年4月	傅氏科普威	毕马威（2011）	私有化，退市
2012年7月	新东方	德勤（2011）	利润与税收存在造假嫌疑；短暂波动，重回升势（14亿到178.3亿美元）
2012年10月	网秦	普华永道（2011）	自证清白，股价低位，退市
2014年11月	奇峰国际	晖谊（2013）	虚报收入，财务造假；长期停牌
2016年12月	辉山乳业	毕马威（2015）	夸大成本优势和利润水平，债务危机；长期停牌，2019年退市
2017年6月	敏华控股	德勤（2016）	隐瞒债务税务；证据不充分，影响较小
2017年12月	圣盈信		完全、毫无价值的骗子；股价低位
2018年6月	好未来	德勤（2017）	欺诈性夸大2016财年业绩；公司无碍，股价重回升势
2019年7月	安踏体育	毕马威（2018）	利用秘密控制的一级分销商提高利润率；安踏反击，影响较小
2020年1月	瑞幸咖啡	安永（2019）	当日跌26%

　　那为什么浑水可以发现上述问题，而这些"知名"会计师事务所却不能呢？进一步来说，为什么做空机构不看账本和凭证就能发现财务造假？靠什么方法与手段？为什么审计的风险评估程序没有发现重大错报风险？为什么看似庞大兴旺的企业转眼就不能持续经营？

对这些问题的回答，自然也应该是财务分析这个学科的任务，忽略这些问题，在既有的传统分析方法与手段上"睡大觉"，脱离资本市场发展的最新实践，财务分析这个学科、这个课程的生命力，自然不会长久！

下面，我们首先讨论浑水公司做空机构的做空逻辑；其次对其选定狩猎目标、分析与调查思路进行总结；最后对审计学与财务分析的边界进行讨论，以求得财务分析对所有有助于分析与发现"财务真实"的相关学科与最新实践的利用或借鉴，以丰富财务分析方法与框架。

（2）做空机构的做空思路与逻辑、分析与调查思路。

虽然做空机构的对象是"中概股"，但不得不承认，做空机构的目标选择、调查方法与手段、调查报告的撰写以及发布时机等等，都是值得思考与学习的。更需要看到的是，做空机构通过这种方式，像"清道夫"一样，清理了资本市场中的种种不实与"丑恶"，通过做空这种方式起到了净化资本市场环境的客观作用。

做空机构通过选择股价处于高位的目标公司为做空对象，通过发布调查报告的方式公开"挑战或质疑"目标公司的财务真实性，以打压股价为目的来达到获取巨额利润的目的。具体来说，做空机构的做空思路与逻辑如下：

第一步，选择做空对象，进行分析与调查，取得"实锤"证据，撰写调查报告；

第二步，从证券公司等机构融券借入目标公司股票，随即出售套现；

第三步，择机发布调查报告，公布证据，"坐等"目标公司股票大幅下跌；

第四步，如数购入打压后的低价股票，支付报酬。

在这个做空逻辑下，对做空机构来说，选择合适的做空对象，就成为最为关键和最能考验其专业水准或验证"专业感觉"的一步。

第一步，发现矛盾，聚焦矛盾，瞄准！

我们常说，"不怕贼偷，就怕贼惦记"。意思是说，对小偷来说，选择偷盗

目标是偷盗行为成功重要的一环。做空机构最重要的一个环节，是寻找并发现
"猎物"，那么，辉山乳业和瑞幸咖啡是如何被"瞄上"的呢？可以说，做空机
构完成了从现象到问题的聚焦矛盾的"瞄准"过程！

现象一：财务报告显示，辉山乳业的高毛利率是依赖于其自给自足的自种苜
蓿。表6-2展示了辉山与同行业前三名（伊利、蒙牛和光明）的毛利率水平。

表6-2　辉山乳业与同行业毛利率比较　　　　　　　　单位:%

项目	2013 年	2014 年	2015 年	2016 年
伊利股份	28. 67	32. 54	35. 89	37. 94
蒙牛乳业	27	30. 8	31. 4	33. 7
光明乳业	34. 75	34. 61	36. 11	38. 68
辉山乳业	54	62. 4	57. 6	56

资料来源：各公司财务年报。

以高毛利率为起点，当关注其营业收入、原奶产量和主原料苜蓿的供应量
时，发现了一条值得关注的线索，如表6-3所示。

表6-3　辉山乳业的产量、收入及主原料（苜蓿）供应量对比

项目	2014 年	2015 年	2016 年
营业收入（亿元）	35. 3	39. 23	45. 27
原奶产量（万吨）	50. 17	60. 16	74. 30
苜蓿收割量（万吨）	14. 00	13. 40	8. 50

资料来源：辉山乳业年报。

我们发现，辉山乳业的原奶产量和营收持续增长，但苜蓿收割量却持续下
降。很显然，这样的矛盾带给了浑水公司关于辉山乳业财务报告巨大的"想象
力"，继而沿着这条线索继续追查下去。

当然，浑水知道苜蓿草对奶牛养殖业的重要性！作为"牧草之王"，苜蓿草
是饲养奶牛并保证优质乳品来源不可或缺的主原料。

现象二：辉山乳业在其 IPO 招股说明书中宣称，进口苜蓿草的成本约为 400 美元/吨，而自种苜蓿草的生产成本约为 70 美元/吨。公司的苜蓿草实现了全部自给自足，因此在物流成本和质量方面有优势，公司预计能够在缩短供应链方面每年节省 0.83 亿~1.1 亿元。可见，辉山乳业高毛利率的基石是苜蓿草的自给自足。

因此，自种苜蓿草产量连年下滑与持续高毛利率这个矛盾，便成为浑水"瞄上"辉山乳业的主要原因。很显然，下一步，浑水公司会围绕这个矛盾展开进一步调查，以"坐实"初步判断。

第二步，有了"猎物"，下一步便是行动：收集证据，进一步地证实或证伪！

从高毛利到苜蓿草产量持续下降，那么苜蓿草到底能不能自给自足，公司有没有外购苜蓿草，以及外购的苜蓿草从哪里来，便成为进一步需要证实的事情。

调查人员从原料库堆放的包装物上发现了证据：很多装牧草的箱子显示制造商为美国安德森公司，通过联系其在中国的进口代理商，证实了辉山乳业连续三年成为其客户。根据该代理商提供的数据，辉山乳业于 2013 年开始从安德森公司进口苜蓿草，2013 年进口约 7 万吨，2014~2015 年进口量为 3 万~4 万吨/年，2016 年略有增加。

这样可以直接测算其对报表的影响，推算出利润虚增数，评估"不实"程度！不实程度 = 真实成本$_t$ − 总成本$_f$。

自种苜蓿草成本，总成本$_f$ = 产量 Q_f × 自产成本 C_f。

如果苜蓿草外供，真实成本$_t$ = 购买量 Q_t × 外购成本 C_t。

可以说，做空机构并不满足于这样的"实锤"证据，还通过更多的证据以证明辉山乳业的全面、系统造假行为。

第三步，围绕上述线索，扩大调查范围，取得更全面的证据。

扩大调查范围的逻辑，或者说矛盾得以展开的逻辑就是，既然苜蓿草能够自给自足，那么就会有大量正常运行的牧场。那牧场的情形又如何呢？

浑水公司调查人员对辉山乳业的部分牧场进行现场走访观察，并使用了无人机对部分牧场进行了拍照，以取得证据。观察发现，辉山乳业很多牧场建设标准并不高，一些牧场存在着屋顶生锈、迟迟未投产、挤奶设备缺乏等问题。另外，调查人员还考察了辉山乳业于 2013 年 9 月 IPO 之前建成的 18 个牧场，通过拍摄照片并询问现场员工，获得了一些佐证信息，包括牧场破裂的墙壁、粉碎的混凝土、粗糙的维修、破门、生锈和已破损的屋顶。

浑水公司在综合专家意见后作出了推断，辉山乳业 IPO 后有 31 个新"标准"牧场的建设资本支出被夸大了 8.93 亿 ~ 16.68 亿元。很显然，牧场支出被夸大，虚增了资产和利润！

第四步，动机和压力评估，以支持并解释上述证据，形成证据链条。

动机一：主要股东退出透露出前景黯淡的强烈信号。

2014 年 4 月，辉山乳业的禁售期一结束，公司的基础投资者瑞士食品等 3 家公司全部出售所持有的公司股份。2014 年 4 月 24 日后的 13 天内，3 家公司累计减持 13.46 亿股，套现 24 亿港元，辉山乳业的股价也从最高时的 3.2 港元跌至最低时的 1.5 港元，跌幅超过 50%。

2015 年 4 月 22 日，另一个重要基础投资者——香港新世界发展有限公司在场外以每股 1.73 元的价格，全数出售其拥有的 7.23% 的股权（约 10.3 亿股），涉及金额约 18 亿元。

2016 年 4 月 26 日，伊利股份将其持有的辉山乳业约 1.45 亿股普通股股份全部转让。

动机二："短债长投"的期限错配问题。

毕马威会计师事务所在审计后指出，截至 2016 年 9 月 30 日，辉山乳业短期借款的金额为 110.87 亿元，占总借款的 70% 以上，超出其流动资产 18.71 亿元。另外，辉山乳业先后投资了 200 多亿元，在辽宁沈阳、锦州、阜新、抚顺、铁岭，以及江苏盐城等地投资建设良种奶牛繁育及乳品加工产业集群项目。

另外，辉山乳业除了传统的银行借款、占用供应商资金等融资方式外，辉山乳业还尝试了发行定向融资计划以及"活体售后回租"，即将原属于本公司的 4 万多头奶牛先出售给盈华融资租赁有限公司然后再租回，租期为五年，对价 7.5 亿元。

很显然，辉山乳业野心勃勃的投资计划面临着资金严重不足的约束与挑战。

以上两个证据，说明辉山乳业的高杠杆所带来的对现金流的极度需求与"渴望"，这就产生了会计造假的强烈动机。

可以说，做空机构通过上述"现象—问题—矛盾"完成了有效"瞄准"，通过执行了一系列高效的调查程序取得了证据力强的证据，剩下来的，便只有进行做空操作完美"狙击"以获得巨额利润。

6.1.2　会计师事务所与做空机构的执行程序比较

为什么事务所不能发现此种做假，而做空机构却可以？在进行了上述目标聚焦继而"瞄准"的过程之后，在执行程序与方法上，做空机构也尤其独到之处可供财务分析人员借鉴。如果将做空机构的一系列调查的方法与程序也称为"审计"程序的话（实际上也可以这么称呼，因为 audit 本身就有这方面的含义），那么做空机构的"审计"与会计师事务所的审计有什么不同呢？

做空机构与会计师事务所执行业务的差异如表 6 - 4 所示。

表 6 - 4　做空机构与会计师事务所执行业务的差异比较

比较内容	会计师事务所	做空机构
目的、报酬与独立性	审计的目的是提高财务报表预期使用者对财务报表的信赖程度 就大多数通用目的财务报告编制基础而言，注册会计师针对财务报表是否在所有重大方面按照财务报告编制基础编制并实现公允反映发表审计意见 获取审计业务收费，独立性较弱	做空套利，获取巨大利得；主动进攻，独立性强

比较内容	会计师事务所	做空机构
目标选择与业务承接上	只有"确定审计的前提条件存在"和"确认注册会计师和管理层已就审计业务约定条款达成一致意见"后，才承接或保持审计业务 前提是：财务报告编制基础可接受；管理层认可并理解其责任（遵守编制基础以公允反映；必要内控以无重大错报；必要工作条件）	选择有作假、舞弊嫌疑的，股价处于高位的中概股为对象
对审计对象的了解及环境识别上	审计准则要求了解被审计单位的：包括财务报告编制基础在内的相关外部因素；被审计单位性质；对会计政策的选择和运用；目标、战略及可能导致重大错报风险的相关经营风险；财务业绩衡量与评价方式和内部控制这六大方面进行了解，以识别和评估重大错报风险	通过基本面与商业模式分析，实际与审计准则内涵基本一致
与目标的关系	签订业务约定书，双方平等	暗中选定与调查，一明一暗
目标清晰度	对信赖程度的合理保证；在重大与否的判断上存在一定的逻辑错位 注册会计师将审计风险降至可接受的低水平，对审计后的历史财务信息提供高水平保证（合理保证），在审计报告中对历史财务信息采用积极方式提出结论。（鉴证业务基本准则）	目标单一、纯粹，清晰而明确
方法或程序	注册会计师会采用检查、观察、查询、监盘、函证、分析性复核、重新计算、重新执行等方法以获取充分、适当的审计证据	会采用观察、查询、分析性复核、重新计算等方法，也会依靠逻辑推算等方法
审计范围	依据审计业务约定，被审计单位提供必要工作条件，审计范围不受限	严重受限，只能接触到有限资料，更需要方法与程序创新
对非财务信息的获取	按照审计准则相关规定执业	因审计范围与审计方法受限，会更多依赖逻辑推理或推算，会较多依靠非财务信息
利用专家工作方面	CPA 应评价专家是否具有实现审计目的所必需的胜任能力、专业素质和客观性。在评价外部专家的客观性时，注册会计师应当询问可能对外部专家客观性产生不利影响的利益和关系；需要形成书面协议，并评价专家的工作是否实现审计目的	由于审计范围与审计接触受限，非常注重利用专家工作；但这种利用，是在清晰的工作思路与逻辑推理指导之下的成果利用

续表

比较内容	会计师事务所	做空机构
调查报告或审计报告的写作风格	在评价根据审计证据得出的结论的基础上，对财务报表形成审计意见，并通过书面报告清楚表达。审计意见有无保留意见和非无保留意见 CPA 的报告格式化，因合理保证而在措辞上显得圆滑，如未发现重大错漏等	写作风格个性化，用词直接，吸引眼球

需要注意的是，审计准则在如下两方面有着明确规定：

（1）在业务承接上。

在业务承接上，根据《CICPA 鉴证业务基本准则》第三章业务承接规定：在接受委托前，注册会计师应当初步了解业务环境。

业务环境包括业务约定事项、鉴证对象特征、使用的标准、预期使用者的需求、责任方及其环境的相关特征，以及可能对鉴证业务产生重大影响的事项、交易、条件和惯例等其他事项。

基本准则还要求：在初步了解业务环境后，只有认为符合独立性和专业胜任能力等相关职业道德规范的要求，并且拟承接的业务具备鉴证对象适当；使用的标准适当且预期使用者能够获取该标准；能够获取充分、适当的证据以支持其结论；书面报告表述与其保证程度相适应；业务具有合理的目的这五个特征，注册会计师才能承接鉴证业务。

（2）在风险识别上。

做空机构的目标选定过程实质是其对做空对象的"重大错报风险"的识别过程。这一点也是注册会计师进行审计业务时所必须执行的重要程序。

《审计准则第 1211 号——通过了解被审计单位及其环境识别和评估重大错报风险》规定，注册会计师需实施询问、分析性程序、观察和检查这样的风险评估程序，以了解被审计单位及其环境（包括内部控制），并识别和评估财务报表层次和认定层次的重大错报风险，从而为设计和实施针对评估的重大错报风险采取的应对措施提供基础。可以看出，注册会计师遵从着"了解被审计单位及其环境→识别重大错报风险→应对措施（进一步审计程序）"。可以说，做空机构与注册会计师的工作思路有着异曲同工之处。

需要特别强调的是，在承接业务签约之前，要求注册会计师应当初步了解业务环境，包括可能对鉴证业务产生重大影响的事项、交易、条件和惯例等其他事项。而这样的规定，与做空机构对做空目标的精心选择有着相似之处。

6.1.3 会计师事务所真的不能发现瑞幸的"失当行为"吗

通过表6-4的对比，我们对两类机构的工作方法进行了初步比较，但一个尖锐的现实是，作为"四大"之一的知名大所，安永出具了无保留意见的报告，而浑水公司却抓到了瑞幸财务作假的"实锤"证据，并公开发布调查报告，在做空操作上赚得"盆满钵满"，并且，瑞幸咖啡也很快承认了所谓"失当行为"。这对会计师事务所，乃至于注册会计师行业，又一次敲响了"警钟"，注册会计师为什么未能发现此类"失当行为"或者"重大错报"呢？注册会计师行业作为中介机构，有着较为完善的鉴证准则、审计准则体系、质量控制准则、审阅准则以及相关服务准则。我们并不怀疑安永会计师事务所对这些准则的遵守与执行，但问题出在哪里了呢？

通过认真研读浑水公司发布的一系列做空报告，我们发现存在着以下特点：

第一，在业务独立性上，做空机构重视目标选择前的一系列针对性强的准备工作，并主动出击；而会计师事务所称其为"业务承接"，更由于行业竞争的加剧，自然失去了一定的选择上的主动性。另外，从盈利模式上来讲，做空机构通过做空操作"空手套白狼"，获利空间巨大；而CPA行业只有审计收费这个获利模式，并且面临着越来越激烈的行业竞争，获利有限，使得审计风险相应增大。上述两点，导致注册会计师的审计独立性与执业动力要远弱于做空机构

第二，在业务目标上，做空机构的做空目标单一、纯粹，清晰而明确，而审

计机构的目标相对多元。具体来说，对做空机构而言，①分析思路更加明确，实施方案与设计环环相扣，逻辑严密；②对取证手段进行了全方位设计，分析视角更加立体；③通过实际参与，验证手段更加科学、独立而客观；④因为与分析对象的地位不对等，所进行的调查手段更具有突然性，所取得的证据更有可靠性，证据力更强；⑤对专家的工作成果利用更具有效果。而对审计机构而言，审计的全过程更加注重对注册会计师审计准则等规章的遵循，审计更注重数据的逻辑严密性，所执行的审计程序依赖于被审计单位的配合，审计程序执行的突然性与随机性不够（尽管准则强调增强突然性）；总的来说，在某种程度上，注册会计师更加注重通过审计底稿的审计证据记录来证明审计职责的履行以及审计风险的排除。

第三，在业务逻辑和实践表现上，如上一节所述，做空机构对目标的选择更加注重对基本面的独立分析，尤其是注重对商业模式的独立分析，而 CPA 更加注重围绕一系列数据逻辑开展工作，并获取相应审计证据。

第四，受上述两点的影响，对于 CPA 来说，虽然有审计准则等一系列规范，但 CPA 审计实践中的底稿导向，审计程序执行中的套路与形式主义，使得实际审计效果如钝刀割肉，动而无果。相反，做空机构的工作程序设计和工作方法在一定程度上恰恰是实质性地遵守了 CPA 审计准则的内在要求，其工作程序更注重实质与结果，更注重逻辑推理及在此基础上的推算，更注重多程序、多方法的逻辑整合运用，更需要强调的是，做空机构实际上是创造性地发挥并运用了审计准则的精神，其工作效果如麦芒刺眼，一击即中，也可以说是"乱拳打死老师傅"，其工作有思路，但无套路，富有成效。

比如，通过研读分析报告，我们认为，CPA 对于虚增销售的"跳单"现象（瑞幸咖啡）、毛利率异常（辉山乳业）等，实质上通过了解被审计单位及其环境，通过评价被审计单位的内部控制，进行符合性测试应该有所察觉并发现；对于出现在辉山乳业标准牧场的进口商包装箱印字，通过观察与盘点程序应该有所警觉。这样的本该引起 CPA 警觉、发现、重视以及采取进一步应对措施的"疑点"场景，在做空报告中却得到了详细举证。

当然，我们也需要关注，做空机构在获得相关证据时，可能采用了很多"非主流"的分析手段，如在询问相关工作人员或利益相关方时，采用套话、身份假扮等方式收集证据，这样的"诱审"手段或行为，是否与注册会计师职业道德守则精神是否一致，但这并不能成为会计师事务所"审计失败"的理由。我们也必须承认，做空机构以商业模式分析为基础的全方位立体证据调查与获取方法为 CPA 审计提供了一种有益反思、借鉴和参考。

6.1.4　做空成本及做空操作特点和经验借鉴

通过上述分析，可以说，做空机构通过一系列傲人的做空"战绩"为注册会计师行业敲响了警钟。从双方业务操作或执行的成本效益方面来看，在可能的巨大做空收益的驱使下，做空机构的做空成本主要体现在以下几个方面：

一是做空前做空机构或其一致行动人需建立较大的空方头寸；

二是因做空失败而可能带来的套利损失，并存在因证据不充分而招致的诉讼和法律制裁风险；

三是要付出很高的调查成本，当然，这样的"非主流"调查成本要高于尽职调查或相应的审计成本；

四是因做空对象公司及其关联方、债权人、投资者等空方对手较多，做空面临的阻力大，直接导致调查成本增大。

跳出准则约束，再反过头来看做空机构取得一系列"战绩"的原因，我们认为，与 CPA 审计相比，做空机构的操作有如下特点：

第一，站位与视角的不同。做空机构在利益上与做空对象完全对立，他们利用商业逻辑推理和分析性程序发现做空对象的软肋并进行精准打击。与之相比，会计师事务所则与客户存在着一致而"和谐"的利益关系。这直接导致独立性的不同。

站位与视角的不同，导致了方法论的不同。做空需要证伪，而审计是要提高财务报表预期使用者对财务报表的信赖程度，是一种证实。

浑水在攻击前做了大量研究，为猎杀做了充分地准备。浑水发表的质疑报告中篇幅最短的有 21 页，最长的达 80 页。证伪俗称"找茬"，只要找到企业的财务、经营造假证据，不需要太多考虑证据的全面性，"硬伤"一经发现，即可成为做空的理由，类似于"一票否决制"。而 CPA 则要围绕审计总目标与认定制定若干具体审计目标开展以"证实"方法为主的审计业务。

第二，证据收集上的不同。做空机构围绕因商业模式逻辑问题收集证据，收集方法直接而有效，证据证明力强；而 CPA 对证据的要求则是充分与适当，这也是有限收益与巨大审计成本和风险之间内在矛盾的具体结果。

首先，做空机构采取的调查分析方法很多时候比审计师、券商更为专业和细致；善于寻找突破口，审计中常用的分析性程序被做空机构用得更加深入而有效；在具体手段与方法上，专业做空机构要比审计师阅读更广泛、更立体的资料，并利用数据挖掘技术对信息进行交叉核对与分析，这往往是行之有效的。

例如浑水公司不仅看了辉山乳业的财务报表，还搜集了辉山乳业有关牧场建设的招投标文件、第三方投资机构的调研报告、媒体的新闻报道，并汇集了上下游和离职员工对其的态度以及隐藏的关联方关系等。多种渠道的信息汇集后，浑水公司很快就发现了辉山乳业虚报毛利率的问题。

其次，专业做空机构非常重视实地调研，每一次调研都是个案，针对性强，实施效果好。而会计师事务所的审计程序多为常规程序，多注重形式，或仅流于形式。

浑水公司一方面自己组织了多个调查小组奔赴辽宁，另一方面又雇用了第三方调查机构进行配合。多个调查小组分别到牧场、苜蓿草种植基地、施工工地、供应商所在地、客户所在地了解实际情况。对于一些调查人员无法进入的地方，浑水公司还动用无人机等工具进行拍照或录制视频。正是通过实地调查，浑水公司弄清了辉山乳业虚报牧场建设成本、高估奶牛产量的事实。

再次，专业做空机构重视借助行业专家的力量。借助行业专家的力量，做空机构不仅可以搜集更专业的信息，还可以对已采集的信息进行筛选并做出比较准确地判断。浑水公司就是通过对多位牛奶行业专家进行访问，进而分析得出了辉山乳业财务造假的结论。

最后，做空机构做空操作设计避开了做空对象的"体系作假陷阱"。

我们知道，较高水平的财务造假，在信息技术的"掩护"下，已经发展为全流程的体系作假，这就产生了上市公司在"真合同""真票据"掩护下的虚假业务以及由此编制而成的财务年报。因此，以这个从开始就为"假"而生成的财务年报以对象进行的审计，自然陷入了巨大的审计成本与风险的泥潭之中而无法自拔。而做空机构，受审计接触与审计范围限制，不依赖于财务年报，所采取的一系列操作直接而有效，直接避开了这种"作假体系陷阱"。

落后的审计思维、不勤勉尽责的审计态度，业务执行中的底稿推责导向、成本限制下的形式审计，等等，导致了审计机构不能及时发现被审计单位的财务舞弊和内部控制问题。如果审计单位不能真正发挥应有的签证功能，真正帮助报表使用者提高报表的可信赖程度，那么独立审计的价值又体现在哪里呢？

6.2　财务分析模板的改进

6.2.1　财务分析理念与方法的改进

在"大智移云""ABCD"这样的信息技术背景下，进行财务分析所依赖财务分析环境与之前相比大有不同。如：

➢ 分析目的与诉求多元;

➢ 信息来源渠道与信息类型多样;

➢ 媒体披露深度与广度增强;

➢ 互联网带来的大大降低的信息获得成本;

➢ 分析手段由指标转变为数据整合,等等。

因此,财务分析框架及其方法应该得到改善,而财务分析教学理念及教材应该摒弃长期以来的以"四能力"为主的指标分析编排方法,财务分析教材应及时融入战略、营销、管理学等学科的最新理念与成果,走出信息来源上单纯依赖财务报表,分析方法上主要依靠财务比率分析这样的套路,将财务分析的重点转向为战略视角下的以"问题—目标"为导向的信息整合分析,提高分析的针对性与实效性。

6.2.2 "问题—目标"导向下的新财务分析模板设计

面对新情况与新环境,在财务分析中仍然采用传统的以"四能力"为主的指标分析方法,就无法满足多元化的分析目的与诉求的要求。财务分析作为一门综合性极强的学科,需要不断融入新理念、新方法与新技术,不断调整分析重点,在分析中突出成本效益原则,以问题为导向,围绕发现问题、分析问题和解决问题进行相应分析工作。

在财务分析框架的指引下,编者尝试建立了财务分析模板。财务分析模板的设计思路如图 6-1 所示。

从图 6-1 可以看出,在问题与目标导向下,该模板由以下几个主要分析模块:

第一,对资产负债表、利润表、股东权益变动表和现金流量表进行结构分析、增长分析;

第二,在第一步的基础上,对分析对象进行以"四能力"为主的指标分析;

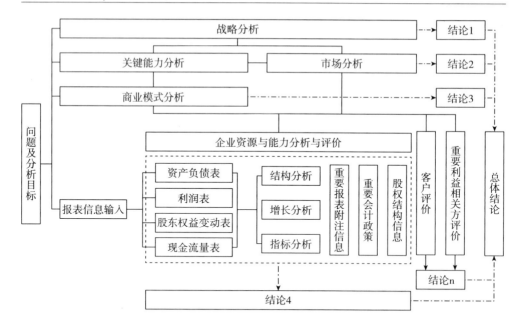

图6-1 问题—目标导向的财务分析模板的设计思路

第三，结合重要报表附注项目信息、重要会计政策以及股权结构信息，对企业资源与能力进行分析与评价；

第四，利用媒体信息、线上客户评价等重要利益相关方反馈信息，结合企业资源与能力评价进行商业模式分析和基本面分析；

第五，进行战略分析，并结合关键能力分析（领导力、治理能力和营销能力）和市场分析，进行宏观与微观综合分析；

第六，将上述由下到上和由上到下的分析进行综合，形成分析结论。

笔者根据上述模块，设计了财务分析Excel模板。需要强调的是，我们一直认为，第一个步骤，即对报表项目信息的分析（结构与增长分析）是最基础也是最主要的分析手段。为了尽快获得对不同行业、不同业态和不同规模上市公司的"感觉"，笔者结合财务分析教学实际，设计了第一个步骤的前置环节，即根据公司年报进行报表电子表格在Excel模板中的输入过程。对会计专业学生来讲，是一个非常基本的、必不可少的获得"数字感觉"的过程，因此，我们设计了报表输入这个环节，并且还设置了若干对报表勾稽关系进行检验的逻辑判断公式，以有助于对报表间数字关系的深刻理解。

【问题】

如何设计报表间的勾稽关系检验呢？

在财务分析 Excel 模板中，由如下六个部分构成：

（1）填表与分析说明。

（2）操作面板和四大报表输入。在报表项目输入后，随即产生报表结构、增长信息的自动生成、"四能力"为主的财务指标体系自动生成和杜邦分析图的自动生成，在每个自动生成模块中需由分析人员根据自动生成数据进行分析，得出各自的分析重点、异常以及结论。

（3）通过阅读报表附注，结合上述步骤的分析重点、异常，掌握分析对象的股权结构图、重点项目附注信息；并形成这个步骤的分析结论。

（4）对分析对象进行战略分析，根据设定填写各个分析工具的二级或三级细化指标，并得出每个过程的分析结论或问题发现。

（5）对分析对象进行其他分析，如社会责任分析、领导力和治理能力分析、创新能力和营销能力分析；并关注媒体评价；每个分析工具都需要形成各自的分析结论、发现的异常或问题等情况。

（6）对上述各个步骤所发现异常与问题，所得出结论进行全面整合分析，最终形成总体分析结论。

具体 Excel 分析模板请从附注链接和提取码获得①。

需要说明的是，第一，基于课堂讲授与学生在课下进一步学习和练习需要，该模板并未进行单元格和工作表保护，这样有助于学生或教授进一步按照自己的需

---

① 报表分析模板（合并报表）链接：https：//pan. baidu. com/s/13IxWmDFOQOiFCySaXyZHTw；提取码：ddro。

要进一步设计，比如多人协同填表，对数据的可视化图表表现等；第二，对报表项目勾稽关系的检验设置，是该模板的重要内容，它可以检验设计者对报表项目间的数据关系的掌握与理解，对于准确填列报表，并保证其正确性，具有重要意义。

【讨论】

四大报表中项目的主要勾稽关系。

为了有助于会计学习者或分析人员快速掌握报表项目及报表间项目的勾稽关系，我们将四张报表中的主要勾稽关系汇总描述如下，当然，这些勾稽关系在模板中，都可以通过设置逻辑判断公式来反映。报表间项目的主要勾稽关系如表6-5所示。

表6-5　报表间项目的主要勾稽关系

序号	检验内容	检验公式
1	资产负债表是否平衡	资产＝负债＋所有者权益
2	利润表项目与所有者权益变动表项目的一致性	利润表与所有者权益变动表中"综合收益总额"项目存在四个勾稽关系，具体如图6-2所示
3	资产负债表与所有者权益变动表的一致性	所有者权益变动表本期期末/期初余额＝资产负债表所有者权益期末/期初余额，如图6-2所示
4	资产负债表观检验	所有者权益变动表本年增减变动金额一栏＝Δ资产负债表所有者权益构成各项目（即：期末余额－期初余额），如图6-2所示

图6-2以图示的形式直接"描绘"了合并所有者权益变动表与合并资产负债表中所有者权益项目、合并利润表相关项目间的勾稽关系。

需要说明的是，除了利润表中净利润（NP）、其他综合收益（OCI）与所有者权益变动表中"综合收益总额"相关项目的对应关系外，淡灰色底纹的部分，表示了和相应的资产负债表所有者权益项目的对等关系；"Δ"表示表格中的金额是所有者权益年末数与年初数的差额；灰色底纹加"／"的部分表示不适用的情形，此处不该有数字体现；另外，因为是所有者权益内部结转，"所有者权益内部结转"栏目的合计数应该为零。

资产负债表所有者权益项目	实收资本	其他权益工具	资本公积	库存股	其他综合收益	专项储备	盈余公积	一般风险准备	未分配利润	少数股东权益	所有者权益合计
一、上年年末余额											
加：调整项											
二、本年年初余额											
三、本年增减变动金额	⊿	⊿	⊿	⊿	⊿	⊿	⊿	⊿	⊿	⊿	⊿
（一）综合收益总额	—	—	—	—	OCIC	—	—	—	NPC	CIM	CI
（二）所有者投入和减少资本	—	—	—	—		—	—				
（三）利润分配							—	—	—		
（四）所有者权益内部结转	—	—	—	—	—		—	—			
（五）专项储备						—					
（六）其他											0
四、本年年末余额											
资产负债表所有者权益项目目本年年末数											

利润表相关项目	归母部分	少数股东损益
净利润（N.P）	NPC	NPM
其他综合收益（OCI）	OCIC	OCIM
综合收益（CI）	CIC	CIM

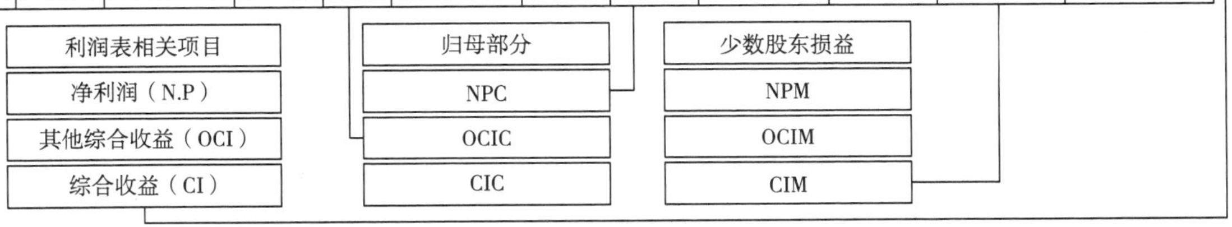

图6-2 合并所有者权益变动表与其他报表项目的勾稽关系

6.3 财务分析报告编制的注意事项

6.3.1 法规依据及主要质量特征

笔者认为，财务分析报告的编制，仍然应借鉴《会计基础工作规范》（财会字〔1996〕19号）和《公开发行证券的公司信息披露编报规则第15号——财务报告的一般规定》（证监会公告〔2010〕1号）等相关法规的基本规范，以提高财务分析报告的专业性并增强阅读体验。

信息质量特征对财务报告的一般要求：相关、如实反映，但也要兼顾可理解、明晰、可比、重要性、实质重于形式等。

【思考与探讨】

拿任何一家上市公司的财务年报，与浑水做空辉山乳业或瑞幸咖啡的做空报告（这样的报告，实质上也可以认为是财务分析报告），比较在证据获取、写作风格、逻辑推理及结论形成方面的不同。

笔者认为，一个好的分析报告应该具有：目标描述明确、合理、符合实际；达成目标的前提、逻辑推理及调查方法合理、可行且专业；所获取的调查证据全面、客观，与目标、方法与手段一致性强，能形成有说服力的证据链；文字表述结构合理、思路清晰、表达专业、针对性强。

6.3.2 一般注意事项

为了达到上述法规和其他要求，对财务分析的初学者来说，财务分析报告在基本的写作规范和格式方面，应该遵循如下最低要求：

➢ 报告格式上，要做到形式简洁、内容完备、要点突出。

➢ 态度和行为专业，有客户意识，方便阅读者阅读与理解。

➢ 注重报告格式的质量，报告格式也是报告质量或者"报价"的一部分，更是执业质量一部分。

在报告格式方面，需要注意：

➢ 财务报告要件齐全，前后数字、格式一致。

➢ 字体一致（行间距、段间距；字体及其大小）。

➢ 数字字体及其大小。

➢ 数字表格要规范（表格中数字最好用新罗马字体，且右对齐，加分隔符）。

➢ 数字可视化，图表应美观，有助于快速理解，抓住重点。

➢ 财务报表中会计数据的排列应自左至右，最左侧为最近一期数据。

➢ 表内各重要报表项目应标有附注编号，并与财务报表附注编号一致。

➢ 凡填有大写和小写金额的原始凭证，大写与小写金额必须相符。

➢ 字迹必须清晰、工整。

➢ 阿拉伯数字应当一个一个地写，不得连笔写。

➢ 汉字大写数字金额如零、壹、贰、叁、肆、伍、陆、柒、捌、玖、拾、佰、仟、万、亿等，一律用正楷或者行书体书写，不得用〇、一、二、三、四、五、六、七、八、九、十等简化字代替，不得任意自造简化字。

➢ 会计报表之间、会计报表各项目之间，凡有对应关系的数字，应当相互一致。

➢ 本期会计报表与上期会计报表之间有关的数字应当相互衔接。如果不同会计年度会计报表中各项目的内容和核算方法有变更的，应当在年度会计报表中加以说明。

......